KB211499

"당신의 존재 가치를 깨달으라. 그러면 존귀하고 품위 있는 사람이 된다"

존재 가치

김열방 김추수 지음

내 시간과 영혼을 팔며
분주하게 돌아다니지 말고
조용히 책 읽고 깨달음을 얻는
혼자만의 자기 계발 시간을 가지라
그러면 날마다 성장할 것이다
당신은 존재만으로도
100조 원 이상의 가치가 있다

날개미디어

당신의 존재 가치는 100조 원이 넘는다

당신은 존재만으로도 가치가 있다는 사실을 아십니까?

당신의 존재 가치는 값으로 따질 수가 없습니다. 사람의 몸에는 100조 개가 넘는 세포가 있습니다. 이 세포 하나에 1원만 매겨도 당신의 가치는 몸만 100조 원입니다. 그러므로 당신은 존재만으로도 100조 원 이상의 가치가 있다는 사실을 깨달아야 합니다.

많은 경우 세상은 당신에게 '노동 가치'를 요구합니다.

이것은 기업이 한 사람에게 노동을 시켰을 때 얼마나 이익을 얻을 것인가를 시간당 얼마로 계산한 것입니다. 그것이 당신이 회사에 다닐 때 받는 '월급'이라는 이름의 노동 가치입니다.

세상은 당신을 노동 가치로 판단합니다. 그리고 그에 걸맞은 월급을 주고 일을 시킵니다. 그게 잘못 되었다는 말이 아닙니다. 하지만 노동 가치만 보고 "당신의 가치는 이 월급 만큼이다. 돈을 줄 테니 하루 종일 죽도록 일해라"고 말하는 것이 문제입니다.

당신은 자신의 존재 가치에 대해 인식하고 있습니까?

혹시 세상이 정해주는 노동 가치에 따라 죽어라 일만 하고 있지는 않습니까? 돈을 주는 주체가 회사라고 해서 자신의 가치를 그에 맞춰 매기면 안 됩니다. "자신의 가치는 자신이 정해야 한다"는 말을 들어봤을 것입니다. 자신의 가치를 어떻게 정합니까?

바로 노동 가치가 아닌 '존재 가치'로 정하는 것입니다.

이 질문에 답해 보십시오.

"당신이 만약 존재하는 것만으로 돈을 번다면 당신 자신에게 얼마를 월급으로 줄 것입니까?"

속으로만 생각하고 다른 사람에게 말 안 해도 됩니다.

나는 이 질문에 이렇게 대답할 것입니다.

"나는 존재하는 것만으로 한 달에 1조 원을 줄 것이다."

말도 안 된다고요? 이전에 말하지 않았나요? 사람의 몸에는 100조 개의 세포가 있고 거기에 1원씩 매기면 100조 원이라고요. 나는 최하로 생각해서 1조 원이라고 답한 것입니다. 실제로는 1조 원이 아닌 10조, 100조를 써넣을 것입니다. 누구한테 보여주거나 채점을 해서 점수를 매길 것도 아닌데 이 정도 숫자는 써넣어야 하지 않겠습니까? 당장은 말도 안 되는 얘기겠지만 자기만의 꿈과 목표를 설정하고 달려가면 됩니다. 어떤 모임이든 당신이 존재하는 것만으로도 필요 가치가 차고 넘친다는 사실을 깨달으십시오.

그러기 위해 기억해야 할 한 가지 중요한 사실이 있습니다.

"판단하지 말고 판단 받지 말 것."

당신은 존재하는 것만으로도 엄청난 가치가 있습니다. 그 사실을 깨닫고 자신을 판단하지 말고 다른 누군가에게 판단 받지도 마십시오. 온전히 자신의 존재 가치를 인정하고 받아들이십시오.

남에게 판단 받는 것은 노동 가치로 충분합니다.

남의 기준으로 자신을 판단하게 되면 온갖 잣대를 따라 자신을 억누르게 되고 마음에도 정죄 의식이 끼어들고 자리 잡게 됩니다. 자신을 그들의 기준에 끼워 맞추려 하거나 그 기준에 못 미친다고 책망하고 정죄하면 존재 가치를 잃게 됩니다. 슬픈 일이죠.

존재 가치는 자존감이라고 표현할 수도 있습니다.

자존감이 낮은 사람은 자신의 존재가 쓸모없다고 생각합니다. 그래서 많은 돈과 행위로 인정받으려고 애씁니다. 자신의 존재를 하찮게 여기기 때문에 악순환의 고리가 생깁니다. 반대로 자존감이 높은 사람은 무엇을 하든 자신의 존재가 가치 있다고 생각합니다. 자존감은 자신을 사랑하는 것에서부터 시작합니다. 자존감, 자기 관리, 존재 가치는 서로 선순환하는 고리를 가지고 있습니다.

사람들은 자존감을 높이기 위해 자신을 가꾸고 관리합니다.

자신을 가꾸고 관리하다 보면 자신을 존중할 줄 알게 됩니다.

자신을 존중하게 되면 자신의 존재 가치를 깨닫게 됩니다.

자신의 존재 가치를 알게 되면 자신을 사랑하게 되는데 그로 인해 자존감이 더 높아지게 되는 것입니다. 이것이 비결입니다.

자신을 사랑한다고 '나르시시즘'(narcissism, 자기 자신에게 애착하는 것)이 되라는 말이 아닙니다. 나를 있는 그대로의 모습으로 온전히 받아들이라는 말이며 이것이 행복의 첫 단추입니다.

자신을 받아들인다는 것은 단점도 포함합니다. 단점이 싫다고 자기 합리화하면서 피하면 안 됩니다. 부정적인 부분까지도 받아들이고 피하지 말고 맞서서 어떻게든 바꾸려고 노력해야 합니다.

자신을 사랑하는 방법을 터득하게 되면 자신을 관리하는 것에 관심을 가지게 됩니다. 그렇게 자신을 가꾸고 계발하다 보면 단점은 감춰지고 장점이 부각되는 자신을 볼 수 있습니다. 단점이 완전히 없어지는 것이 아닙니다. 장점에 가려 감춰지고 보완될 뿐입니다.

꿈이 없다고 좌절하고 낙심하지 마십시오. 꿈은 자연스럽게 찾아옵니다. 그 시작은 자신을 사랑하고 자존감을 높이고 자신의 존재 가치를 깨닫는 것에 있습니다. 자기 계발을 하면서 꿈이 나를 찾아오도록 하십시오. 당신은 이미 높은 존재 가치를 가졌습니다.

당신은 매우 존귀한 사람입니다.

2021년 11월 11일

김추수

"당신의 몸은 100조 개가 넘는 세포로 이루어져 있다.
당신은 존재 자체만으로도 100조 원 이상의 가치가 있다.
당신이 어디에 있든지 존재만으로도 큰 가치가 있다.
노동 가치가 아닌 존재 가치로 살라.
그러면 품위 있는 사람이 된다."

- 김추수

[목차]

머리말. 당신의 존재 가치는 100조 원이 넘는다 / 3

제 1부. 천재작가 김추수의 이야기와 깨달음

1. 자신의 존재 가치를 알고 모임에 가라 / 11
2. 혼자만의 자기 계발 시간을 가져라 / 17
3. 자기 계발에도 균형과 조화가 필요하다 / 21
4. 책을 쓰려면 천재적인 원리를 먼저 배우라 / 29
5. 지혜가 제일이니 모든 것을 주고 지혜를 얻으라 / 33
6. 시도해야 얻는다. 시도하는 것 자체가 성공이다 / 37
7. 생각만 하지 말고 행동하는 믿음을 가져라 / 45
8. 일곱 가지 은혜의 복음으로 무장하라 / 57
9. 신적인 깨달음으로 두려움을 극복하라 / 63
10. 신과 교제하며 그분의 음성을 따라 살라 / 67
11. 주위 사람들의 말에 휘둘리지 말라 / 71
12. 작은 것에 순종하면 큰 것을 맡는다 / 77
13. 코치 받는 것을 감사하게 여기라 / 81

14. 노동 마인드가 아닌 존재 마인드를 가지라 / 85

15. 비참한 인생이 아닌 비옥한 인생을 살라 / 93

16. 조급하지 말고 감사하며 인내하라 / 101

17. 감사하면 감사할 일이 더 많이 생긴다 / 105

18. 행복은 당신 안에 강물처럼 가득히 있다 / 111

19. 자신의 감정에 충실하고 그것을 표현하라 / 119

20. 큰 뜻을 정하고 꿈과 소원 목록을 적어라 / 125

21. 당신에게 주어진 것을 증가시켜라 / 129

제 2부. 천재멘토 김열방의 이야기와 깨달음

22. 내게는 범접하기 어려운 아우라가 있다 / 137

23. 나는 연단을 통해 품위 있는 사람이 되었다 / 141

24. 나는 성령님께 구체적인 도움을 구한다 / 153

25. 나는 하루 종일 행복만 생각한다 / 211

자신의 존재 가치를 알고 모임에 가라

당신은 모임에 가면 괜히 주눅 들지 않습니까?

요즘은 대화하는 것조차 힘들어하는 사람들이 많습니다.

많은 사람들이 서로 대화하지 않으려고 합니다. 왜 그럴까요?

사회 풍조와 분위기가 많이 바뀌었기 때문입니다. 시대가 바뀌어 개인주의적인 성향이 강해지고 각자 스마트폰을 보며 자기 일에만 푹 빠져 바쁘게 삽니다. 사회적인 분위기도 많이 삭막해졌습니다.

나도 예전에는 누군가와 대화하는 것이 무척 힘들었습니다.

입을 열어 말 한마디 꺼내는 것이 어려웠습니다. 처음에는 '내가 자신감이 없어서 그런가?'라는 생각을 했습니다. 하지만 알고 보니 자신감이 없다기보다 대화 자체를 할 줄 몰랐던 것입니다. 대화의 첫 물꼬를 트는 것부터 시작해서 어떻게 이어나가야 할지 몰랐습니다. 세상에 이보다 어려운 것이 있나 싶었습니다. 나는 어떻게 해야 상대방과 대화를 잘할 수 있을지 고민했습니다. 작가와 코치인 내 직업 특성상 고객을 상대할 때 대화술이 꼭 필요했습니다.

어떻게 이 고민을 해결할 수 있었을까요?

하루는 이런 재미있는 글을 읽게 되었습니다.

"요즘 세대는 대화를 안 하려고 한다. 아니 못한다. 왜 그럴까? 상대방이 내게 관심이 없다고 생각하기 때문이다. 그리고 자기도 상대방에게 관심이 없으니 궁금해 하지 않는다. 그래서 '안 물어보고 안 궁금해'라며 소위 '안물안궁'이라는 신조어가 생겼다. 또 실시간으로 대화하기보다 생각할 시간이 충분한 문자나 카카오톡으로 메시지를 주고받는 것에 익숙하다. 그렇기 때문에 직접 만나 대화하다 말실수라도 하면 어떡하나 하는 걱정이 앞서 대화를 어려워하는 경향도 있다. 같은 이유로 전화 통화하는 것도 어려워한다."

정말 요즘 세대에 딱 들어맞는 말이었습니다.

통신 기술의 발달이 있기 전에는 편지를 주고받아야 했습니다.

그래서 며칠 혹은 몇 주 걸리는 편지를 주고받기보다 직접 만나 대화할 일이 더 많았고 그것이 기본이었습니다. 하지만 기술의 발달과 함께 누구에게나 있는 스마트폰으로 주고받는 메시지는 거리, 시간, 상황에 관계없이 대화할 수 있는 새로운 수단이 됐습니다.

사실 얼굴을 마주보고 실시간으로 대화하는 것은 순식간에 판단하고 말을 꺼내야 하므로 의외로 어려운 소통 방법입니다. 하지만 문자나 카톡은 생각할 시간이 충분히 주어지기 때문에 더 쉬운 소통 방법입니다. 하지만 문자는 감정 전달이 어렵기 때문에 받는 사람이 다르게 받아들이고 오해하는 경우가 있습니다. 화내며 말하는지 즐거워하는지 정확히 파악하기가 어렵습니다.

문제는 이렇게 쉬운 방법에만 익숙해져 있는 사람이 많기 때문에 더 어려운 대면 대화를 어려워한다는 것입니다. 얼굴을 마주보고 감정이 고스란히 전달되는 대화를 부담스러워 합니다.

나는 이 문제를 어떻게 해결해야 할지 고민했습니다. 답은 정말 쉬웠습니다. 바로 경험입니다. 말로는 쉽지만 실제 행동으로 나서는 것은 어려웠습니다. 당장 누구랑 대화하겠습니까? 나는 가장 가까이에 있는 사람을 찾았습니다. 친구도 좋고 가족도 좋습니다.

편하게 이야기할 사람이 없다면 조금만 용기를 내보십시오.

취미가 있다면 취미 생활을 공유하는 모임에 참석하면 됩니다. 그마저도 없다면 무언가 배우고 싶은 것을 찾으십시오. 그리고 그에 맞는 배움의 장소를 찾는 것입니다. 학원을 등록해도 좋고 동아리에 가입해도 좋습니다. 어떻게든 사람이 있는 장소에 가십시오. 그리고 사람 대 사람으로 부딪히며 관계를 쌓아 가는 것입니다.

일단 시작해야 합니다. 모임에 가십시오.

처음에는 어렵고 힘들 수 있습니다. 어떤 말부터 꺼내야 할지 머릿속이 하얄 것입니다. 아무 생각이 안 떠올라 당황하다가 상황에 휩쓸릴 수도 있습니다. 괜찮습니다. 그것도 하나의 과정입니다. 과정이 있어야 결과가 나타납니다. 그런 어색한 과정도 필요합니다.

마냥 혼자 있는 게 편하고 좋을 수도 있습니다. 하지만 나는 소원을 갖고 용기를 냈습니다. 만남의 축복으로 좋은 사람을 사귀고 싶었고 대화 연습도 할 겸 친목 모임에 가입했습니다. 모임에 처음 나가니 쑥스러웠고 어벙하고 어수룩한 모습을 보였습니다. 괜히 주눅이 들기도 했습니다. 아직 내 존재 가치에 대해 깨닫기 전이어서 자신감이 없었습니다. 나라는 존재 가치가 낮다는 분위기를 풍기니 상대도 동물적인 감각으로 그것을 알아채고 나를 홀대했습니다.

그런 나를 바꾸기 위해 많은 노력을 했습니다. 나는 한 번 사는 인생, 당당하게 살고 싶었기 때문에 자신감 없는 나를 꼭 바꾸고 싶었습니다. 그 마음을 간직하며 실수도 하고 욕도 먹고 손가락질도 받았습니다. 안 좋은 소문이 돌기도 했습니다. 그로 인해 상처도 받았지만 그런 것을 다 과정으로 여기고 묵묵히 견뎠습니다.

그러던 중 경험이 쌓이고 내 존재 가치에 대한 깨달음이 더해지자 시너지 효과를 발휘하게 됐습니다. 내가 소중한 존재라는 깨달음이 있어서 그런지 더욱 자신감이 생겼습니다. 자신감이 생기니 무슨 말을 해도 반응이 좋았습니다. 가끔 말실수를 해서 선을 넘어 사과할 때도 있었습니다. 그래도 사람들은 나를 좋게 봤습니다.

나도 모르게 상대방에게 상처 되는 말을 할 수도 있습니다.

그렇기 때문에 상대방의 기분이 상했다면 일단 사과해야 합니다. 그렇지 않으면 말 한 마디로 관계가 틀어질 수도 있기 때문입니다. 만약 일부러 관계를 깨뜨리려는 게 아니라면 기본적인 밑바탕에는 '내가 어떤 좋은 말을 해도 상대방에게는 상처가 될 수 있으니 상대방이 언짢아하면 사과하자'라는 생각을 하는 것이 좋습니다.

"꼭 그렇게까지 하면서 그 사람과 대화해야 하나요?"

한 번 보고 말 거라면 사과 안 해도 그만입니다. 하지만 나는 인연을 소중히 하고 싶었습니다. 어쩔 수 없이 인연이 끊어지는 경우가 있지만 그게 아니라면 나는 주어진 인연을 소중히 여깁니다.

그렇다고 집착하는 것은 아닙니다. '소중하다'가 정도를 넘으면 집착이 됩니다. 나는 만남이 있으면 헤어짐이 있다고 생각하고 이별 다음에는 더 좋은 인연이 온다는 믿음도 있습니다.

대화는 곧 수다입니다. 공인된 수다는 곧 강연이 됩니다. 공인된 수다인 강연은 '내 삶과 깨달음'으로 공감을 이끌어 냅니다.

한 가지 중요한 사실이 있습니다. 과거에는 대화가 기본이었지만 현대에는 대화를 어려워합니다. 그래서 많은 사람이 대화를 힘들어합니다. 그렇다면 이런 대화를 내가 쉽게 잘 한다면 어떻게 될까요?

남들이 못하는 것을 잘할 때 그것은 장점이 되고 강점이 됩니다.

그리고 그것은 남다른 매력으로 나타납니다. 특히 대화는 일상에서 절대 빠지지 않는 실질적이고 유익한 기술입니다. 대화를 잘한다는 이유만으로 매력적인 사람이 될 수 있는 것입니다.

인간으로서의 매력을 어필하는 데 대화는 아주 효과적입니다.

아무리 외모가 출중하고 성격이 좋아도 대화가 통하지 않으면 관계를 쌓아 가기가 무척 힘듭니다. 반대로 외모가 조금 떨어져도 대화가 잘 통하면 매력적으로 보이기도 합니다. 외모 지상주의가 팽배하지만 그게 다가 아님을 증명하는 것이 대화의 힘입니다. 외모가 전부라면 세상의 많은 커플이 결혼할 수 없었을 것입니다.

자존감과 자신감이 더해진다면 아주 좋습니다. 자존감은 '나를 사랑하는 마음'이고 자신감은 '나는 할 수 있다는 마음'입니다.

나를 사랑하는 마음을 가져야 발전하고자 하는 열망이 생깁니다. 자존감이 있고 그것을 높이기 위해 자기 계발을 하다 보면 자신감이 더해집니다. 자신감이 강해지면 무엇이든 도전하게 됩니다.

중요한 것은 일단 시작한 후에는 남의 시선과 비난에 휩쓸리지 않고 묵묵히 지속해야 한다는 것입니다. 그들이 비난하는 것은 내가 못했으니 너도 하지 말라는 못된 심보에서 시작된 것입니다. 걱정하는 척하는 사람도 있지만 가식일 뿐입니다. 정말 그 사람이 나를 위한다면 응원할 것입니다. 죄를 짓는 것도 아니고 긍정적인 변화를 위해 노력하겠다는데 응원하지는 못할망정 비난하는 것은 옳지 않습니다. 그런 비난의 말을 들었다고 좌절하지 마십시오. 항상 겸손하십시오. 때가 되면 하나님이 당신을 높이실 것입니다.

남을 응원하는 사람이 되고 비난하는 사람이 되지 마십시오.

다른 사람의 비난은 무시하고 묵묵히 자기 할일을 하십시오.

당신은 그 모임에 존재만으로 가치 있는 사람입니다.

"나는 존재만으로도 가치 있는 사람이다."

혼자만의 자기 계발 시간을 가져라

당신은 어떤 자기 계발을 합니까?

자기 계발에는 두 가지 종류가 있습니다.

하나는 내적 자기 계발이고 또 하나는 외적 자기 계발입니다.

하나만 하는 것이 아닙니다. 두 가지 모두 다 해야 합니다.

나는 매일 두 가지 자기 계발을 꾸준히 실천하고 있습니다.

내적인 자기 계발은 혼자만의 시간에 생각하거나 책을 읽고 깨달음을 얻으므로 정신적으로 매일 성장하는 것입니다. 이를 위해 하루의 일정 시간을 똑 떼어 혼자만의 시간으로 활용해야 합니다.

외적인 자기 계발은 외모를 가꾸거나 건강을 위해 운동하는 것입니다. 몸으로 행동하고 실천하는 것입니다. 몸을 움직여 하고 싶은 것이나 꼭 해야만 하는 것들을 즉각적으로 해 나가는 것입니다.

나는 혼자만의 시간을 따로 떼어 생각하는 시간을 갖습니다. 책도 읽습니다. 운동하는 시간도 따로 떼어 뒀습니다. 이 모든 것을 오전에 마칠 수 있게 환경을 조성해 뒀습니다. 아침에 일어나서 점심을 먹기 전까지 모두 마치고 나면 자유 시간입니다. 온전히 나만을 위해 시간을 사용합니다. 당신은 당신만의 시간이 있습니까?

그 시간을 온전히 자신을 위해 활용합니까?

두 가지 자기 계발을 따로 하지만 하나로 봐야 합니다.

책을 읽는 시간, 생각하는 시간, 운동하는 시간, 외모 관리를 위한 시간 등 따로 시간을 마련해야 하는 것이 있습니다. 그리고 자기 계발을 하는 시간에는 온전히 몰입해야 합니다. 방해 요소가 있는지 확인하고 최대한 방해받지 않게 환경을 조성해야 합니다. 혼자만의 시간이기 때문입니다. 이때는 어떠한 방해도 받지 않게 주위 사람에게 양해를 구하거나 자동 실천 환경을 만들면 됩니다.

나는 오전에 혼자만의 시간을 방해받지 않기 위해 핸드폰 사용을 최소화합니다. 누군가는 아침에 일어나자마자 문자나 카톡, 메일 등을 확인해서 답장을 보내야 하지 않냐고 물을 수 있습니다. 나도 예전에는 그런 강박에 사로잡혀 아침에 일어나면 핸드폰을 뒤적거렸습니다. 어떤 알림이 왔는지 확인하고 처리하지 않으면 신경이 쓰여서 다른 일에 집중이 안 되었습니다. 매일매일 중요한 알림이 올 거라는 강박에 싸여 하루라도 핸드폰을 놓으면 안 되었습니다.

어느 날, 아침부터 바쁜 일로 핸드폰을 아예 안 본 적이 있었습니다. 오전 일과가 끝나고 끼니도 대충 때우고 저녁까지 업무를 처리해야 했습니다. 그리고 밤늦은 시간 겨우 여유가 되어 핸드폰을 보게 되었는데 신기하게도 중요한 알림은 하나도 안 왔다는 것입니다. 중요한 메일이나 카톡, 문자는커녕 각종 마케팅 알림이 잔뜩 쌓여 있을 뿐이었습니다. 나는 아무 생각 없이 넘겼습니다. 그러다 이런 일이 종종 반복되자 혼자만의 시간에 사유하게 되었습니다.

'혼자만의 시간을 방해하는 요소가 무엇일까?'라는 주제로 시작된 생각은 꼬리에 꼬리를 물고 이어졌습니다. 그 결과, 최악의 방해 요소는 스마트폰이었습니다. 과학의 발달로 작은 개인 컴퓨터가 각 사람의 손에 쥐어지게 됐는데 스마트폰입니다. 현대인이 한시도 떼어놓지 못하는 물건입니다. 어디에서든 인터넷을 사용할 수 있게 되었으며 유튜브, 음악, 게임 등 즐길 거리가 많아졌습니다.

또한 여러 편의성을 위한 앱까지 만들어지며 스마트폰은 편리한 도구가 되었습니다. 그리고 한번 편리함을 맛본 인간은 그 편리함을 내려놓지 못합니다. 강한 중독성이 있는 것이지요.

나도 마찬가지였습니다. 스마트폰의 편리함과 즐거움을 알기에 한시도 떼어놓지 못했습니다. 다른 것은 깜박하는 게 있어도 스마트폰과 지갑은 꼭 챙기기도 합니다. 스마트폰을 사용하는 게 나쁜 것은 아닙니다. 편리한 도구를 활용하는 것을 잘못되었다고 하는 것이 아닙니다. 다만 혼자만의 시간에 자기 계발을 할 때 방해 요소라는 것입니다. 그래서 나는 자기 계발을 하는 혼자만의 시간만이라도 스마트폰 사용은 최소화하겠다는 결단을 내렸습니다.

다른 때는 스마트폰을 내려놓지 않더라도 혼자만의 자기 계발 시간만큼은 방해받지 않도록 내려놓겠다는 것입니다. 나는 이런 결단을 내리고 시행착오를 거치며 꾸준히 자기 계발을 하고 있습니다.

당신의 방해 요소는 어떤 것인지 찾아내십시오. 그리고 그 장애물을 치우고 혼자만의 자기 계발 환경을 만드십시오.

자기 계발을 통해 날마다 성장하기 바랍니다.

당신의 인생이 더 풍요로워집니다.

자기 계발에도 균형과 조화가 필요하다

당신은 어떤 자기 계발을 합니까?

나는 외적인 것과 내적인 것 모두 합니다.

내가 처음 자기 계발을 시작할 때는 내적인 것을 먼저 했습니다.

나는 먼저 건강한 정신을 가지려고 했는데 잘 안 됐습니다. 깨달음은 풍성했지만 부정적인 마음이 자리 잡고 있었기 때문입니다.

나는 자기 계발을 하는데 왜 나 자신이 바뀌지 않는지 고민했습니다. 그러다 "건강한 몸에 건강한 정신이 깃든다"는 말을 듣게 됐습니다. 끝에서부터 곧 몸부터 건강하게 만들어야 한다는 것입니다.

"하나님이 이르시되 우리의 형상을 따라 우리의 모양대로 우리가 사람을 만들고 그들로 바다의 물고기와 하늘의 새와 가축과 온 땅과 땅에 기는 모든 것을 다스리게 하자 하시고 하나님이 자기 형상

곧 하나님의 형상대로 사람을 창조하시되……."(창 1:26~27)

하나님은 사람을 자신의 형상을 따라 만드셨고 그 사람에게 몸과 마음과 영혼을 주셨습니다. 몸이 없이 정신과 영혼이 있을 수 없고 정신이 없이 몸과 영혼이 있을 수 없습니다. 영혼이 없이 몸과 정신만 있는 경우도 없습니다. 이 세 가지의 밸런스를 맞춰야 합니다.

몸은 정신과 영혼을 담는 그릇입니다.

정신은 몸과 영혼을 이어주는 다리입니다.

영혼은 곧 사람의 생명입니다.

몸이 건강하지 않으면 아프고 힘이 없습니다. 정신이 건강하지 않으면 고통에 몸부림치고 몸과 영혼이 이어지지 않아 괴리감에 사로잡힙니다. 영혼이 건강하지 않으면 몸과 마음이 쉽게 망가집니다.

힘은 세 가지가 있습니다. 육체의 힘과 정신의 힘, 영혼의 힘입니다. 셋 다 중요합니다. 결국 밸런스 곧 균형과 조화가 중요합니다.

예전에는 정신적인 힘 곧 정신력이 생기려면 건강한 육체의 그릇이 필요하다는 것을 몰랐습니다. 그래서 나는 육체의 힘 곧 체력이 모자라 하고자 한 일을 쉽게 포기한 적이 많았습니다. 회사 생활에 대해 이야기한 드라마 〈미생〉에서 아주 중요한 말이 나옵니다.

"이루고 싶은 게 있다면 체력을 먼저 길러라. 당신이 종종 후반에 무너지는 이유, 손해를 입은 후에 회복이 더딘 이유, 실수한 후 복구가 더딘 이유는 모두 체력의 한계 때문이다. 당신의 체력이 약하면 빨리 편안함을 찾게 된다. 그러면 인내심이 떨어지고 그 피로감을 견디지 못하면 승부 따위는 상관없는 지경에 이른다. 이기고 싶다면 당신의 고민을 충분히 견뎌 줄 몸을 먼저 만들어라. 정신력은 체력의 보호 없이는 허공에 외치는 구호밖에 안 된다."

마지막 줄이 핵심입니다.

건강한 정신을 가지려면 몸부터 만들어야 합니다.

나는 책을 쓸 때도 중간에 멈춘 적이 많았습니다. 또 심혈을 기울여 출간하고 나면 탈진하곤 했습니다. 내가 하던 일을 포기하거나 결과물을 만들고도 탈진이 심했던 이유는 체력이 부족해서였습니다. 그 당시 나는 빼빼 말라서 툭 치면 부러질 것 같은 몸이었습니다. 살을 빼는 것도 힘들지만 찌우는 것도 고통입니다. 배는 더 이상 음식을 넣지 말라고 아우성이지만 억지로라도 밀어 넣어야 합니다. 그래서 나는 체력을 기르기 위해 운동을 시작했습니다.

나는 운동을 병행하며 고된 저술 작업을 강행했습니다.

역시나 체력의 한계로 종종 포기하고 싶었습니다. 그래서 3일 하다가 안 하고 한 달 뒤에 또 일주일 하다가 안 하고 했습니다. 그럼에도 나는 계속 시도했습니다. 마음 한구석에 좋은 몸을 만들고 체력을 기르고 싶다는 열망이 불씨처럼 계속 남아 있었기 때문입니다. 그 열망을 활활 태우려면 연료나 땔감이 필요한데 그것은 '목표 설정'입니다. 그래서 나는 목표와 계획을 세웠습니다.

그다음 목표에 맞게 구체적인 계획을 세웠습니다.

우리는 운동의 종류에 상관없이 몸을 건강하게 만드는 게 목적입니다. 그러니 하고 싶은 운동을 한 가지 정해서 능숙해질 때까지 해보는 것이 좋습니다. 여러 운동을 해보며 찾아가도 되고 처음부터 하나를 정해서 그것만 꾸준히 해도 좋습니다.

나는 내게 맞는 것을 찾아보려고 여러 가지를 해봤습니다. 그러다 보니 집중할 수 없었습니다. 하나를 선택해서 집중해야 하는데 조금만 깔짝거리다 말아 버리니 이도 저도 안 됐습니다.

지금은 하나를 정했는데 헬스만 합니다.

운동도 마찬가지로 처음에는 생소합니다. 자세가 어색하고 엉망입니다. 처음부터 독학해도 좋지만 전문가에게 도움을 구하면 더 좋습니다. 운동하는 자세가 친숙해지고 익숙해지면 무게를 조금씩 늘려 갑니다. 점진적으로 몸에 과부하를 줘서 근육을 키우는 게 헬스의 목적입니다. 정확한 자세로 하지 않으면 제대로 운동이 안 되고 부상의 위험이 있습니다. 헬스가 능숙하다는 것은 정확한 자세와 적당한 중량으로 근육에 과부하를 주는 것을 말합니다.

꼭 헬스가 정답인 것은 아닙니다. 여러 운동 중에 당신이 좋아하는 것이나 해보고 싶은 것을 하나 정하면 됩니다. 수영을 해도 좋고 자전거를 타도 좋습니다. 등산을 해도 좋고 달리기를 해도 좋습니다. 중요한 것은 하나를 정했으면 능숙해질 때까지 꾸준히 하는 것입니다. 한 가지에 능숙해진 다음에 다른 운동을 하면 이미 어느 정도 운동 능력이 향상돼 있기 때문에 진입 장벽이 낮아집니다.

운동을 시작하고 몸을 만들던 중 공감할 만한 말을 들었습니다.

"내 몸 하나 못 바꾸는 데 뭘 하겠나. 뭘 하고 싶으면 몸부터 가꿔라. 마른 사람은 목표 체중까지 찌우고 비만인 사람은 살을 빼라. 수신제가 치국평천하(修身齊家 治國平天下, 몸과 마음을 닦아 수양하고 집안을 가지런하게 하며 나라를 다스리고 천하를 평한다)라는 말이 있다. 천하를 다스리려면 자기 자신부터 다스려야 한다는 뜻이다. 뭔가를 하고 싶다면 나를 먼저 갈고닦아라."

나는 이 말에 깊이 공감했습니다. 건강한 정신이 있어도 체력이 달리면 쉽게 포기하고 싶은 마음이 생깁니다. 아무리 긍정적인 마음을 가져도 몸이 아프면 불쑥불쑥 부정적인 마음이 생깁니다.

몸을 먼저 만들고 건강한 정신을 깃들게 해야 내가 원하는 것을 이룰 수 있습니다. 그리고 사실 몸을 만드는 중에도 정신은 계속 성장합니다. 모든 일에는 균형과 조화가 중요합니다.

나는 건강한 정신을 가졌지만 건강한 몸은 가지지 못했습니다. 그래서 몸이 약하니 불쑥불쑥 부정적인 감정이 생겼습니다. 몸이 먼저 건강해야 합니다. 당신도 몸부터 건강하게 만드십시오.

운동을 하며 몸을 만들다 보면 정체기가 옵니다. 이때 내 부족한 부분을 보완할 것인지, 내가 원하는 부위를 더 키울지, 지금 상태를 유지하는 것으로 만족할 것인지, 당신이 선택해야 합니다. 만약 욕심이 나서 선수를 할 거라면 더욱 피나는 노력을 해야겠지요.

나는 정체기가 왔을 때 '충분하다' 생각하고 유지하기로 선택했습니다. 미용 목적도 있었기 때문에 과하게는 하지 않았습니다. 그리고 지금 가지고 있는 근육을 다듬고 부족한 부분을 보완하기 시작했습니다. 지금까지는 키우는 데 집중했다면 이제는 균형과 조화를 맞추는 것입니다. 멋진 몸을 만들면 좋은 점이 무엇일까요?

첫째, 건강해지는 것은 당연합니다. 근육은 신체의 모든 움직임을 총괄합니다. 힘이 없으면 뭘 해도 금방 지칩니다.

둘째, 자신감이 생기고 다양한 것을 시도하는데 망설임이 없어집니다. 몸을 만들면 스스로를 대견하게 여기게 됩니다. 자기 인생에서 가장 체감되는 현실적인 성공을 경험했기 때문입니다. 또한 목소리에 힘이 생기고 어떤 일이든 쉽게 포기하지 않게 됩니다.

셋째, 자기 몸을 변화시킨 스토리가 생깁니다. 역경과 고난을 이겨내고 몸을 만든 스토리는 다른 사람에게도 용기를 줍니다. 용기가 있어야 뭐든 시도할 수 있습니다. 나도 성공했으니 너도 성공할 수 있다며 할 말이 생깁니다. 성공 실화를 책으로 쓸 수도 있습니다.

당신도 먼저 몸을 건강하게 만드십시오. 매일 10분이라도 운동을 하며 멋진 몸을 만들고 정신적인 자기 계발도 하십시오.

책을 읽고 혼자만의 시간에 사색하십시오. 생각은 몸을 움직이고 나서 혼자만의 시간에 따로 하면 됩니다. 몸을 먼저 움직이십시오.

나는 생각하고 고민하느라 놓친 기회가 많습니다. 그래서 나는 "시도하지 않고 후회할 바에 시도하고 후회하자"는 마인드를 가지고 있습니다. 시도하고 후회한 적은 손에 꼽습니다. 오히려 놓친 기회를 두고 후회한 적이 많습니다. 나는 더 이상 후회하지 않기 위해 기회가 왔을 때 무엇이든 시도합니다. 일단 몸부터 움직입니다.

부정적인 생각이 끼어들면 움직이기 어렵습니다.

"이래서 안 돼, 저래서 안 돼"라며 핑계 대기 바쁩니다.

"많은 돈 벌어 봤자 뭐해? 돈이 행복을 주나? 돈으로 살 수 없는 것도 있어. 많은 돈 있어 봤자 다 쓰지도 못할 텐데."

빌 게이츠나 워렌 버핏처럼 돈을 많이 번 사람이 돈에 대해 이런 말을 한다면 어느 정도 수긍할 것입니다. 하지만 돈 몇 푼 없는 거지같은 사람이 이런 말을 한다면 누가 공감하겠습니까?

"외모를 아름답고 멋지게 꾸며서 뭐해. 있는 그대로를 사랑해 주는 사람을 만나면 되지. 다 쓸데없어."

"자기 계발을 하라고? 그런 것 안 해도 먹고사는데 지장 없어. 하루 벌어 하루 먹고사는 데도 바빠."

자신의 내면과 외모를 가꾸는 것이 자기 계발입니다. 자신을 가꾸지 않는 사람이 그런 말을 하면 누가 들어주겠습니까?

많은 돈이 있어도 행복하지 않을 수 있습니다. 하지만 돈이 있으면 불행을 막을 수 있습니다. 아플 때 돈이 없으면 병원도 못가고 끙끙거리며 앓아야 합니다. 음식을 먹는 것도 돈이 있어야 합니다.

자신을 가꾸면 주위 시선이 달라집니다. 깔끔하게 관리하면 분위기가 달라집니다. 자신을 관리하고 가꾸지 않으면 다른 무엇도 할 수 없습니다. 자꾸 핑계만 대며 합리화하지 말고 무엇이든 해보십시오. 복잡한 생각은 잠시 접어 두고 일단 당신이 하고 싶었던 일을 과감히 실천하십시오. 그래야 원하는 것을 얻게 됩니다.

믿음은 행하는 것입니다. 행함이 없는 믿음은 죽은 것입니다.

원하는 것을 얻기 위해 지금 믿음으로 움직이십시오.

이것이 성공의 비결입니다.

책을 쓰려면 천재적인 원리를 먼저 배우라

당신은 책 쓰기가 어렵다고 느껴집니까?

쉽다고 생각하면 쉽고 어렵다고 생각하면 어렵습니다.

많은 사람들이 책 쓰기를 어려워합니다. 왜 그럴까요?

"책 쓰는 건 어려워요."

"어떻게 쓰는지 모르겠어요."

"뭘 써야 하나요?"

셋 중 하나거나 셋 다일 수도 있습니다.

사실 책 쓰는 것 말고도 모든 일이 다 그렇습니다.

무엇이든 처음 하는 것은 어렵다고 느낍니다. 방법을 모르기 때문이지요. 나도 처음에 책을 어떻게 써야 할지 막막했습니다. 어떤 방식으로 쓰는지, 어떤 내용으로 써야 할지 몰랐습니다. 내게는 어느 정도 글 쓰는 재능이 있었습니다. 내가 생각하는 바를 나름대로 글로 풀어낼 수는 있었습니다. 하지만 책을 쓰기에는 부족했습니다.

나는 책 쓰는 원리를 배웠습니다. 무엇이든 기초 원리가 있습니다. 그 기초 원리를 아느냐 모르느냐에 따라 시간과 에너지를 절약할 수도 낭비할 수도 있습니다. 원리를 아니까 책 쓰는 게 쉽고 재밌습니다. 그리고 지금까지 계속 책을 써내고 있습니다.

당신도 무엇이든 기초 원리를 배우면 쉽습니다. 처음 하는 것이어도 원리를 배우면 쉽습니다. 한 사람이 이런 말을 했습니다.

"내가 살아보니 공부하는 게 제일 쉽더라."

왜 그럴까요? 공부하는 방법을 알기 때문입니다.

교과 공부는 목차가 있습니다. 정해진 대로 차례대로 배워 나가기 때문에 쉽습니다. 하지만 인생 공부는 순서가 없습니다. 누가 정해주지 않습니다. 그렇기에 어렵게 느껴지고 뭘 해야 할지 막막합니다. 책에도 목차가 있습니다. 하지만 그 목차는 누가 정해주는 것이 아닙니다. 작가 스스로가 정해야 합니다.

어떤 것이든 목차대로 단계를 나눠 배울 수 있다면 쉽고 재미있을 것입니다. 수준에 맞게 차근차근 배워 가면 실력도 금방 늡니다.

책에는 무엇을 써야 할까요? 내 삶과 깨달음입니다.

내 삶은 어느 누구도 경험해 보지 못한 나만의 것입니다. 책을 통해 그것을 대중에게 알리며 나를 본받으라고 말할 수 있습니다.

당신만의 이야기와 깨달음이 담긴 책을 써내십시오.

나는 책에 내 삶의 이야기와 깨달음을 씁니다. 그렇기 때문에 구별됩니다. 내 삶의 이야기와 깨달음은 고유하기 때문입니다. 나라는 사람은 오직 한 명입니다. 내 삶의 이야기 또한 하나입니다.

세상에 오직 하나뿐인 나를 브랜드화하고 구별해야 합니다. 그래야 다른 사람에게 어필할 수 있습니다. 지금은 자신을 어필하는 시대입니다. 자신을 알리지 않으면 누구도 알아주지 않습니다. 그것도 그냥 알리면 안 됩니다. 남들과 같은 종류, 같은 방법으로 나를 알리면 그저 그런 한 사람이 됩니다. 하지만 책을 통해 디테일한 부분에서 차별성을 둔다면 그것이 모여 큰 차이를 만듭니다.

책 쓰기는 쉽습니다. 당신도 책 쓰기는 쉽다고 생각하십시오.

어렵게 생각하지 마십시오. 방법을 모르면 배우십시오.

천재작가 김추수의 책쓰기학교에 등록해서 '천재적인 책 쓰기의 일곱 가지 원리'를 배우면 쉽습니다. 당신도 책을 쓸 수 있습니다.

직장에 취직하면 선배 사수에게 일을 배웁니다. 아무것도 배우지 않고 현장에 투입할 수는 없습니다. 주먹구구식으로 일할 수도 없습니다. 책 쓰는 것도 마찬가지입니다. 방법을 모르고 책을 쓰려면 막막하기만 합니다. 첫 문장, 한 줄도 쓸 수 없습니다.

남의 책과 사례를 짜깁기 하는 것이 아닌 자신의 이야기와 깨달음을 담는 천재적인 책 쓰기의 원리를 배워야 합니다. 그리고 하루에 한 꼭지씩 꾸준히 책 쓰는 습관을 만드십시오. 시행착오에도 굴하지 말고 계속 시도하십시오. 시작하고 포기하지 않으면 됩니다.

책 쓰기는 쉽습니다. 책을 쓰십시오.

당신은 천재입니다.

지혜가 제일이니 모든 것을 주고 지혜를 얻으라

당신은 지혜를 얻기 위해 노력합니까?

성경에는 "지혜가 제일이니 지혜를 얻으라. 네가 얻은 모든 것을 가지고 명철을 얻을지니라"(잠 4:7)고 했습니다. 그렇습니다.

당신이 얻은 모든 것을 주고라도 지혜를 얻어야 합니다.

지혜는 두 가지로 바꿔 말할 수 있습니다.

첫째는 예수님을 지칭합니다. 잠언을 기록한 솔로몬 시대에는 예수님이 아직 오지 않았습니다. 하지만 지혜는 오실 예수 그리스도를 상징하는 단어입니다. 하나님이 솔로몬에게 전에도 없고 후에도 없을 지혜 곧 '전무후무(前無後無)한 지혜'를 주셨습니다.

솔로몬에게 허락된 지혜는 이제 없습니다. 그 대신 예수님이 세상에 오셔서 십자가에 못 박혀 죽으심으로 예수님의 지혜가 믿는 모든 자에게 허락되었습니다. 예수님이 십자가에 못 박히기 전에 가시 면류관을 쓰셨는데 이것은 그분이 우리를 대신해서 모든 어리석음을 담당하셨다는 의미를 담고 있습니다. 솔로몬보다 더 크신 예수님의 지혜를 우리에게 주신 것입니다. 예수님의 지혜가 당신 안에 가득합니다. 그 사실을 믿고 지혜를 활용하십시오.

둘째는 넓은 마음입니다. 지혜를 가진다는 것은 넓은 마음을 가진다는 말과 같습니다. 넓은 마음은 의식 수준이 높다는 것입니다. 마음이 넓다는 것은 생각이 크다고 할 수 있습니다. 이런 지혜를 가진 사람은 어떤 문제가 생겨도 그 문제를 작게 생각합니다. 별일 아니라 여기고 큰 문제도 쉽게 해결합니다. 바쁘게 뛰어다니거나 죽어라 일하지 않아도 지혜를 통해 쉽게 돈을 벌기도 합니다.

넓은 마음 곧 높은 의식 수준을 가지면 풍요한 삶을 살게 됩니다.

밤낮 일에 치이지 않고 여유를 가질 수 있게 됩니다. 생각이 크고 의식 수준이 높으니 어떤 사람을 만나도 자신감이 넘칩니다.

당신은 지혜를 소중히 여기는 사람을 만나 사귀어야 합니다.

그러려면 당신이 먼저 지혜를 소중히 여기고 마음을 넓게 가지는 것이 필요합니다. 지혜로운 사람을 사귀고 어울리면 그의 사고방식이 당신에게 전염됩니다. 그리고 지혜로운 당신도 여러 사람과 어울리다 보면 당신의 믿음을 다른 사람에게 전염시킵니다.

나는 상대방의 좋은 점을 본받고 다른 사람에게도 나의 좋은 점을 전염시킵니다. 나는 부정적인 사람과는 어울리지 않는데, 그런 마인드를 가진 사람과 어울리다 보면 그 마인드가 내게 전염되기 때문입니다. 내가 가지고 있는 긍정적인 마인드를 전염시킬 수도 있지만 시간이 많이 걸리고 잘 바뀌지 않습니다.

당신은 부정적인 사람에 대한 처세술을 익혀야 합니다.

부정적인 사람과 엮여 부정적인 감정이 전염되면 평생 고생합니다. 그 부정적인 감정을 떨쳐 내려면 많은 시간과 힘이 듭니다.

당신은 지혜를 돈보다 소중히 여기십시오. 지혜가 제일이니 지혜를 얻기 위해 어떤 값이라도 지불하겠다고 마음먹으십시오.

당신이 원하는 지혜를 얻기 위해 돈을 아끼지 마십시오. 한두 푼 아끼겠다고 지혜를 놓치면 나중엔 천 냥 빚을 질 수도 있습니다.

당신은 지혜를 얻기 위해 행동하는 사람입니다.

당신을 축복합니다.

시도해야 얻는다. 시도하는 것 자체가 성공이다

당신은 성공에 집착하지 않습니까?

많은 사람이 성공이라 하면 남달리 엄청난 성과를 내거나 원대한 목표를 이룬 것을 생각합니다. 하지만 내가 생각하는 성공, 내가 집중하는 성공은 조금 다릅니다. 나는 어떤 성공에 집중할까요?

나는 "시도하면 성공이든 실패든 경험이든 남지만 아무것도 하지 않으면 아무것도 남지 않는다"는 가치관이 내 마음속 깊이 박혀 있습니다. 아무것도 하지 않으면 그저 무(無)입니다. 아무것도 없다는 뜻입니다. 가만히 생각만 하는데 뭔가가 공중에서 뚝 떨어지는 경우는 많지 않습니다. 실제로는 생각만 했다고 느낄 뿐 원인에 의한 결과가 나타난 것입니다. 그 원인은 말이나 행동에서 나옵니다.

일단 시도하면 그 속에는 무궁무진한 가능성이 있습니다. 시도해야 과정이 있고 결과가 있습니다. 실패하면 시행착오라 생각하고 더 나은 방법을 찾아 나가면 됩니다. 성공하면 사례가 되겠지요.

시도하면 그 결과가 성공이든 실패든 상관없이 '경험'이 남습니다. 그래서 나는 무엇이든 시도하려고 합니다. 내가 시도하지 않는 것은 남에게 피해를 입히는 것이나 범죄뿐 그 외에는 어떤 것이든 담대히 시도합니다. 내게 득이 아닌 실이 될 것 같은데도 시도한 적이 있습니다. 그것은 행동 자체가 득이라고 생각했기 때문입니다.

나는 시도한 것 자체가 성공이라고 생각합니다. 결과도 물론 중요하지만 그 결과는 스스로 컨트롤 할 수 없는 것이 많습니다. 끝끝내 결과가 좋지 않아도 경험이 남으니 다시 시도할 때는 효율이 더 좋고 결과가 달라질 수 있습니다. 포기하지만 않으면 됩니다.

시도했지만 얼마 안 해보고 포기하면 거기까지입니다.

모든 것을 쏟아 부었는데도 안 될 때, 회의감이 들고 좌절감이 들 때도 포기하면 안 됩니다. 의심치 않는 믿음으로 끝까지 가야 원하는 것을 얻게 됩니다. 중간에 포기하면 아무것도 얻지 못합니다.

예수님이 말씀하셨습니다. "내가 진실로 너희에게 이르노니 누구든지 이 산더러 들리어 바다에 던지우라 하며 그 말하는 것이 이룰 줄 믿고 마음에 의심치 아니하면 그대로 되리라."(막 11:23)

하나를 시도하면 다른 하나를 내려놓아야 할 수도 있습니다. 그렇다고 포기하는 것은 아닙니다. 잠시 멈추고 다른 일을 하는 것이지요. 그래서 나는 시도할 때 신중하게 결정합니다. 감당할 수 있는지 충분히 고민해 보고 또 정말 해보고 싶은 건지 생각해봅니다. 정말 해보고 싶다 생각하는 것은 앞뒤 재지 않고 일단 해봅니다. 핑계는 끝이 없고 고민만 하다 보면 아무것도 못 하기 때문입니다.

많은 사람들이 새로운 시도를 두려워합니다. 나도 그랬습니다.

나는 예전에 새로운 것을 시도할 때 어떻게 해야 하는지 방법을 몰라 막막했습니다. 그래서 시도하지 않은 것도 많았습니다. 나중에서야 "시도해 볼 걸……" 하고 후회했지만 기회는 지나갔습니다.

그런 후회를 하지 않으려면 새로운 일에 대한 두려움을 걷어 내야겠지요. 어떻게 해야 그 두려움을 걷어 낼 수 있을까요?

나는 '마인드 세팅'을 합니다. 나의 세팅은 이렇습니다.

"시도하는 것 자체가 성공이다. 처음엔 어차피 실패한다. 실패는 당연하다. 첫 술에 배부를 수는 없다. 혹시라도 첫 술에 성공한다면 그건 운이 좋았을 뿐이다. 실패는 결과가 아니다. 결과는 과정의 마침표일 뿐이다. 아무것도 시도하지 않은 게 실패다. 최소한 아무것도 하지 않아서 실패하지는 말자는 마음으로 과감히 시도하자."

또 이렇게 중얼거리며 마인드 세팅을 합니다.

"처음부터 큰 결과나 성과를 바라지 말자. 일단 해보고 나서 판단하자. 대단한 뭔가를 바라고 시작하면 조급해진다. 조급한 마음은 될 것도 안 되게 만든다. 이것저것 생각하다 보면 아무것도 못한다. 생각은 행동하고 나서 해도 된다. 생각은 피드백 할 때나 하자."

내가 이런 생각을 처음부터 한 것은 아닙니다.

나도 많은 시행착오를 거쳤습니다. 새로운 것을 시도할 때 실패에 대한 두려움도 있지만 크게 멀리 내다보면 괜찮습니다.

처음부터 큰 성과나 결과를 바라면 아무것도 못합니다.

처음엔 대단한 뭔가를 바라지 말고 시작해야 합니다.

한 사람은 시도에 대한 두려움이 큰지 아무것도 못했습니다.

그는 어떻게 해야 되는지를 질문하는 게 아니라 자신과 비슷한 케이스가 있는지만 찾아다녔습니다. "어떻게 해야 시도할 수 있을까? 나는 안 되겠지"라는 답을 이미 정해 놓고 있었습니다. 그러다 보니 아무리 시도해 보라고 믿음으로 권해도 미동도 안 했습니다.

이런 사람이 꽤 많습니다. 시도는 하지 않으면서 마음에 답을 정해 놓고 자기가 원하는 답을 해줄 때까지 계속 질문만 하는 것입니다. 그리고 해본 것을 질문하는 게 아니라 아직 해보지 않았으면서 미리 걱정이 앞선 질문만 합니다. 한편으로는 그런 조심스런 마음이 이해가 됩니다. 나도 그런 시절이 있었기 때문입니다.

많은 사람이 시도해야 하는 이유를 찾습니다. 왜 해야 하는지 스스로를 설득하기 위해서입니다. 그런데 이미 큰 성과를 낸 사람이나 업적을 이룬 사람을 보면 결이 다릅니다. 그들은 일단 해보고자 마음먹으면 앞뒤 안 가리고 뛰어듭니다. 그리고 나중에 합리적인 이유를 갖다 붙이거나 성과가 나오기 시작할 때 그 이유가 따라옵니다. 사람은 절대 변하지 않는다지만 변하는 경우가 있습니다.

한 가지는 스스로가 절박하고 절실하게 결단하고 변화하려는 움직임을 보이는 것입니다. 또 한 가지는 죽었다가 살아나는 것입니다. 사람이 큰일을 겪으면 바뀐다는 말처럼 죽을 위기에서 살아나면 바뀌는 경우가 있습니다. 또는 신의 주권적인 개입이 있을 때입니다. 하나님이 그 사람의 마음을 돌이켜 바꾸는 것입니다.

나는 첫 번째 경우로 나 자신을 바꿨습니다. 스스로가 변하고자 하는 절박한 마음이 있었고 절실하게 매달렸습니다. 바뀔 때까지 실패를 겪어도 계속 시도했습니다. 그러자 서서히 내면이 바뀌었고 그것이 바깥으로 드러나기 시작했습니다.

당신도 스스로가 바뀌고 싶다는 생각을 하고 있습니까?

그렇다면 마인드 세팅법을 적용해 보십시오.

전구를 발명한 에디슨은 "실패는 성공의 어머니다"라고 했습니다. 에디슨은 전구를 발견하기까지 수많은 실험을 했고 수많은 결과적인 실패를 했습니다. 실패가 내가 말하는 '시도하지 않는 것'을 가리킨다면, 에디슨은 계속 시도했고 계속 성공했습니다. 그 시도의 성공이 쌓여 결과적인 큰 성공으로 나타나게 된 것입니다.

당신도 성공하려면 아무것도 하지 않는 것을 그만둬야 합니다.

해보고 싶은 게 생기면 생각만으로 그치는 게 아니라 행동에 옮기고 시도하는 것이지요. 무엇이든 일단 시도해야 얻습니다.

우리가 흔히 말하는 성공은 시도가 쌓이고 모여서 나타나는 것입니다. 흔히 성공에 확률이 있다고 합니다. 운이 성공을 좌우하기도 한다는 것이지요. 그렇다고 운에만 기대면 안 됩니다. 성공률을 높이려면 결과가 좋지 않아도 계속 시도하는 수밖에 없습니다. 다른 관점에서 보면 성공은 '실패 확률을 줄이는 것'이기도 합니다.

커리어 부분에서도 마찬가지입니다. 운이 좋아서 첫 시도에 성공할 수는 있겠지만 그것이 내 능력이나 결과라고는 할 수 없습니다. 결국 수많은 데이터를 쌓아 나가야 합니다. 천 번, 만 번, 그 이상 시도했을 때 비율이 얼마나 성공에 가깝냐에 따라 달라집니다.

에디슨도 전구를 발명했을 때 처음에는 전구가 제대로 작동하지 않았습니다. 하지만 계속 시도했고 수많은 시행착오를 통해 작동하는 비율을 높이며 오차율을 조정했고 결국 성공했습니다.

꼭 100% 완벽하게 하라는 것이 아닙니다. 과학적인 분야는 최대한 완벽하게 작동하게 만들어야겠지만 다른 분야에서는 그렇지 않은 경우가 많습니다. 아무리 완벽하다 해도 고장이 나거나 오작동하는 경우가 있습니다. 중요한 것은 시도하는 것입니다. 시도했을 때 시도라는 원인에서 과정과 결과가 생깁니다. 경험이 쌓이면 시행착오를 통해 더 나은 방향으로 조정할 수도 있습니다.

일단 하고 싶은 것을 마음껏 시도하십시오.

"저는 준비가 되지 않았는데요."

"하고 싶은 게 마땅히 없다면요?"

준비가 안 된 사람은 준비 기간을 가지며 준비하는 것 자체를 시도로 보는 것입니다. 뭔가를 하고 싶다고 생각할 때 준비 기간이 필요한 경우도 있습니다. 준비하는 것 자체도 시도하는 것입니다.

하고 싶은 게 마땅히 없다면 하고 싶은 것을 찾는 시도를 해야 합니다. 시도는 무엇이든 가능합니다. 행동한다는 것 자체가 시도이기 때문입니다. 생각만 하는 것과 찾아보고 알아보는 것은 다릅니다. 일어나서 찾는 것, 알아보는 것도 담대한 시도입니다.

핑계를 대기 시작하면 끝이 없습니다. 핑계란 곧 자기 합리화입니다. 나도 항상 핑계 대기 바빴습니다. 시도하기 전에 충분히 고민하는 것도 좋지만 그러다 기회를 놓치는 경우가 많았습니다.

내 좌우명 중 하나가 "안 해보고 후회할 바엔 저지르고 후회하자"입니다. 무엇이든 행동하는 자에게 기회가 옵니다. 아무것도 하지 않고 가만히 앉아 생각만 한다고 이루어지는 것이 아닙니다.

나는 기도하고 구한 것을 받았다고 믿고 행동합니다.

생각한 것을 현실로 불러오기 위해서입니다.

당신도 생각만으로 멈추지 마십시오. 행동으로 옮기십시오.

기도하고 구한 것을 받은 줄로 믿고 무엇이든 시도해 보십시오.

당신이 움직일 때 세상이 움직이며 하나님도 도와주십니다.

시도하고 움직이는 자에게 기회가 옵니다.

시도하는 것이 믿음입니다.

생각만 하지 말고 행동하는 믿음을 가져라

당신은 믿음이 있는데 가만히 있지만 않습니까?

나는 믿음을 가지고 행동으로 옮깁니다. 하나님께 구한 것을 받은 줄로 믿고 행동합니다. 물론 모든 것을 행동으로 옮기지는 않습니다. 최소한의 선을 그어 놓고 그 선을 넘는 행동은 하지 않습니다.

나는 남에게 피해를 주지 않겠다는 선을 그었습니다.

그렇다고 너무 세세하게 신경 쓰면 아무것도 하지 말고 누워서 잠만 자야 합니다. 그래서 나는 "내가 의도적으로 남에게 피해를 주기 위한 행동은 하지 않겠다"는 선을 그은 것입니다.

야고보 사도는 "행함이 없는 믿음은 죽은 것이다"라고 말했습니다. 우리가 원하는 것을 하나님께 구해서 받은 줄로 믿지만 그 후에 행함이 없으면 그 믿음은 죽은 것이라는 말입니다.

"내 형제들아, 만일 사람이 믿음이 있노라 하고 행함이 없으면 무슨 유익이 있으리요 그 믿음이 능히 자기를 구원하겠느냐. 행함이 없는 믿음은 그 자체가 죽은 것이라. 영혼 없는 몸이 죽은 것 같이 행함이 없는 믿음은 죽은 것이니라."(약 2:14, 17, 26)

당신은 어떤 믿음을 가지고 있습니까?

우리는 행함을 동반한 믿음을 가져야 합니다. 아무리 믿음이 크다는 사람도 행하지 않으면 아무 일도 일어나지 않습니다. 하나님의 아들인 독생자 예수님도 행함으로 믿음을 보이셨습니다.

그분은 3년 동안 수많은 귀신들린 자들의 귀신을 내쫓고 병든 자들을 고치셨습니다. 또 기도하고 구한 것을 받은 줄로 믿고 물고기 두 마리와 보리떡 다섯 개로 오천 명을 먹이고 열두 광주리를 남기셨습니다. 여러 깨달음을 강론하며 사람들에게 전했습니다.

당신이 기도하고 구한 것을 '받았다는 믿음'을 갖고 있다면 한 발 더 나아가야 합니다. 그것은 바로 '행동하는 믿음'입니다.

사람은 어떤 행동을 하므로 인과관계가 생깁니다.

행함 없는 결과는 없습니다. 아무것도 하지 않고 가만히 있으면 어디선가 큰일이 일어난다 한들 나와 아무 상관이 없습니다.

집과 땅을 사지 않았는데 그 값이 오르는 것이 나와 무슨 상관입니까? 일단 사 두어야 그 값이 오를 때 나와 상관있는 것입니다.

오직 내가 행동하는 것에만 의미가 있는 것입니다. 내가 아무 행동도 하지 않았는데 다른 사람의 행동에 의한 결과가 내게 영향을 준다면 나라는 존재 의미가 어디에 있겠습니까?

무엇이든 행함으로 나라는 존재가 의미 있는 것입니다.

데카르트(René Descartes 1596-1650)는 "나는 생각한다. 고로 존재한다"고 했습니다. 나는 거기에 더해 "생각만 하지 말고 행동도 해야 존재 의미가 있다"고 말하고 싶습니다. 그렇지 않습니까?

우리 인생은 종이 한 장 차이입니다. 종이에 동그라미를 그리고 위아래에 점을 하나씩 찍습니다. 그리고 그 종이를 접으면 두 점이 만나게 됩니다. 이처럼 행함이 두 점을 만나게 하는 것입니다.

믿음으로 행해야 당신의 꿈과 소원이 이뤄집니다.

행함으로 내 존재 의미를 찾을 것인가, 아무것도 하지 않고 가만히 있을 것인가는 각자의 선택입니다. 내가 말하는 행함은 핑계 대지 않고 무엇이든 시도하는 것입니다. 핑계 대기 시작하면 핑계 거리만 계속 생깁니다. 상황, 환경, 시간, 공간, 물질, 저항 세력 등 여러 가지 핑계가 있습니다. 그런 핑계들을 모두 물리쳐야 합니다.

핑계 댈 시간에 하고 싶은 일을 시작하는 것이 좋습니다.

나도 옛날에는 이것저것 핑계를 대기만 했습니다.

"지금 상황이 여의치 않아."

"주변 환경이 가로막아."

"시간이 없어."

"장소가 마땅치 않아."

"돈이 없어."

"주변에서 반대해."

흔한 핑계들을 나도 많이 댔습니다. 그리고 아무것도 하지 않고 방에 틀어박혀 혼자 지냈습니다. 방구석 폐인이 된 것이지요. 그렇게 1년을 지내고 나니 몸과 마음이 많이 피폐해졌습니다.

나는 이러다가는 정말 내 존재 자체가 망가지겠다 싶어 방을 나섰습니다. 그런데 방을 나서기 전에 수많은 생각을 했습니다. 그러자 방을 나서기 두려웠습니다. 그래서 또 며칠 방을 못 나섰습니다.

내가 내 방이라는 좁은 세상에서 틀을 깨고 나온 것은 대단한 것이 아닙니다. 아주 간단했습니다. 그냥 발을 내딛어 나온 것입니다.

아무 생각 없이 발을 내딛자 또 오만가지 생각이 떠올랐습니다.

"지금 내 모습이 많이 흉해졌겠지?"

"방을 나서기 두려워."

"누군가 나를 해코지하면 어떡하지?"

수많은 부정적인 생각은 행동하지 않으면 사라지지 않습니다.

나는 결국 생각하기를 그만뒀습니다. 그리고 한 발 한 발 내딛었습니다. 온갖 생각은 먼저 움직이고 난 다음 해도 충분했습니다.

한 번 움직이기 시작하자 점차 두려움이 옅어졌습니다.

나는 갓 태어난 아기처럼 아무 생각 없이 몸을 움직였습니다.

실제로 아기는 생각하지 않습니다. 아직 자아가 제대로 형성되기 전이라 본능만 있을 뿐입니다. 하지만 본능적으로 아기는 자기의 할 일을 알고 행합니다. 나도 아기처럼 생각을 멈추고 본능에 따라 한 발자국씩 내딛었습니다. 그리고 깨지는 과정이 있었습니다.

아기도 처음 걸을 때 무조건 넘어집니다. 한 번에 성공하는 경우가 없습니다. 힘이 달리든 균형을 못 잡든 자세가 불안정하든 자꾸 넘어집니다. 그래도 다시 걷습니다. 나는 그걸 보고 깨달았습니다.

무엇이든 첫걸음, 즉 새로 시작하는 것은 아기가 갓 태어난 것과 같습니다. 그래서 넘어지고 깨지고 좌절합니다. 하지만 시간과 열정, 포기하지 않는 마음이 있다면 해결됩니다. 포기는 커서 '포기'라는 단어를 알게 되면서부터 하게 됩니다. 만약 아기가 걷는 것을 포기하면 커서도 기어 다닐 것입니다. 하지만 포기라는 단어를 알지 못하기에, 포기라는 단어가 아기의 사전에는 없습니다.

나는 아기처럼 생각을 단순화했습니다. 머리가 커지니 자아가 생기고 생각을 하게 됐지만 그게 꼭 좋은 것만은 아닙니다. 혼자만의 시간을 떼서 깨달음을 얻기 위해 생각하는 것은 좋습니다. 하지만 무언가를 행함에 있어 너무 많은 생각은 걸림돌입니다.

여러 가지를 고려하고 행동하려면 자꾸 이것저것 재고 따지게 됩니다. 그렇게 계산하면 머리 싸매고 고민만 하게 됩니다. 그것도 하나의 방법이겠지만 내게는 생각을 많이 하는 것이 행동하는 데는 별 도움이 되지 않았습니다. 시도 자체가 성공입니다.

믿음도 중요합니다. 믿음 없는 행함은 안 하는 것만 못하고 행함 없는 믿음은 죽은 것입니다. 즉 둘 다 필요하다는 것이지요. 믿음으로 행하십시오. 믿음이 없으면 끊임없이 의심이 들고 고민하게 됩니다. 행함이 없으면 큰 믿음이 있어도 아무 소용없습니다.

삶이 전쟁과 같다면 장비도 없이 전장에 나가서야 되겠습니까?

당신은 전쟁에 나가 싸우는 용사처럼 창과 방패 모두 착용해야 합니다. 삶에 필요한 것은 한 가지만이 아닙니다. 믿음과 행함 모두 중요합니다. 믿음을 가지고 행할 때 원인에 의한 결과가 생깁니다.

믿음을 가지려면 어떻게 해야 할까요?

첫째, 믿음은 들음에서 납니다. 어떤 말을 듣느냐에 따라 부정적인 믿음이나 긍정적인 믿음이 생깁니다. 그래서 말을 걸러 들어야 합니다. 내게 부정적인 말을 하는 사람들은 차단해야 합니다. 건전한 비판은 피드백이라 할 수 있습니다. 고쳐야 할 점을 비판하는 사람은 나를 생각해 주는 사람입니다. 하지만 비난은 다릅니다.

비난은 무조건적인 공격입니다. 헐뜯고 욕하는 것입니다. 이성적으로 고쳐야 할 점을 말하는 게 아니라 감정을 건드리고 비꼬며 상대를 모욕하는 것입니다. 행함에 있어 저항 세력은 필수적으로 따라오게 됩니다. 그 저항 세력이 비난하면서 아무것도 못하게끔 막습니다. 비난에 영향 받지 않으려면 한 귀로 흘려듣는 수밖에는 없습니다. 아무것도 하지 않으면 비난 받지 않습니다.

비판 곧 피드백은 들을 때는 따끔하고 기분이 상할 수 있습니다. 하지만 그것은 나를 제대로 봐주고 생각해 주는 사람만이 할 수 있습니다. 나는 그가 나를 더 나은 사람이 될 수 있도록 도와주는 것이라 생각하기에 피드백을 받으면 최대한 수용하려고 합니다.

나도 사람인지라 따끔한 비판을 들으면 감정이 상할 때가 있습니다. 당장 지적당했을 때 기분이 팍 상하는 것입니다. 하지만 그 비판이 나를 위해 해준 거라고 생각하니 오히려 고마웠습니다.

당신도 나처럼 비난을 한 귀로 흘리고 비판을 해준다면 감사히 받아들이십시오. 대체로 비난하는 사람은 감정을 툭툭 건드립니다. 하지만 비판하는 사람은 감정을 건드리지 않는 선에서 둘러 얘기합니다. 둘의 차이는 알맹이가 있느냐 없느냐 입니다.

친구, 스승, 연인, 가족 등 당신 주위에 믿음의 말을 하는 사람이 있다면 놓치지 마십시오. 믿음의 말은 천금보다 귀합니다.

친구의 믿음의 말 한마디 때문에 성공하는 사람이 많습니다.

나는 믿음으로 행동하는 사람입니다.

믿음이 없을 때도 움직였던 적이 있습니다. 하지만 믿음이 없으니 계속 의심했습니다. 그러다 결국 포기한 것도 많습니다. 또 믿음은 있었지만 아무것도 하지 않은 적도 있습니다. 한 점 의심치 않는 믿음을 가지고도 아무런 행동을 하지 않았던 것입니다. 기회가 와도 행동하지 않으니 그 믿음은 죽은 것이나 마찬가지였습니다.

둘째, 사람은 움직일 때 살아 있음을 느낍니다. 믿음 또한 마찬가지입니다. 우리가 무엇이든 할 때 믿음도 살아 있음을 느낍니다. 잠을 자면 호흡만 할뿐 죽은 것과 같습니다. 그렇다고 잠을 자지 말라는 게 아닙니다. 잠은 푹 자되 깨면 움직이라는 뜻입니다.

믿음이 없는 행함이나 행함 없는 믿음은 성과를 내지 못합니다.

끊임없이 의심하면서 어떻게 열정을 가지겠습니까? 아무리 의심하지 않는다 해도 아무것도 행하지 않으면 어떤 결과도 없습니다. 무엇인가를 해내려면 믿음을 가지고 행동해야 합니다.

내가 책을 쓰는 것도 믿음으로 행하기 때문에 가능합니다.

"책을 왜 써야 하나요?"

"책을 써서 뭐가 좋나요?"

"책 써 봤자 쓸데없지 않나요?"

많은 사람들이 여러 가지 핑계 대고 자기 합리화하기 바쁩니다.

그럴 때 나는 일단 행동에 옮겼습니다. 생각은 나중에 하고 내 삶의 이야기와 깨달음을 책에 써 내려갔습니다. 문득 나도 내가 왜 책을 써야 하는지에 대해 근본적인 질문을 던진 적이 있습니다.

내가 책을 쓰는 이유는 내 삶의 방식을 사람들에게 전하고 싶어

서였습니다. 나는 이런 방식으로 살고 있다고 말해 주고 싶었습니다. 나를 본받아 행복한 삶을 살라고 말해 주고 싶었습니다. 또한 내가 죽었을 때 세세토록 남는 것이 책이기 때문에 나는 책을 씁니다. 실제로 성경책은 수천 년 동안 남아 있습니다.

나는 내 삶과 깨달음을 기록하기로 마음먹었습니다. 내 가치관과 좌우명 등에 따라 무엇이든 할 수 있다는 것을 알리고 싶었습니다. 그래서 나는 책을 씁니다. 그리고 나처럼 책을 쓰고 싶지만 방법을 모르겠다는 사람에게 소정의 등록비를 받고 코치하기도 합니다.

수많은 사람이 책을 쓰고 있지만 내 이야기는 나만 쓸 수 있습니다. 당신의 이야기도 어느 누가 대신 써 주는 게 아닙니다. 당신이 스스로 컴퓨터를 켜서 문서 파일을 열고 "나는"이라고 써 내려가야 합니다. 당신의 삶의 이야기와 깨달음을 써내려 가는 것이지요.

책은 쓰는 족족 결과물로 남습니다. 원고라는 결과를 분량에 따라 묶고 편집해서 출간하는 것입니다. 원고 데이터라는 성과가 실제 책이라는 물건 곧 결과물로 나타납니다. 그 책이 서점에 깔리고 누군가에게 읽히며 당신이라는 사람에 대해 알려지게 됩니다.

셋째, 당신도 믿음으로 행하십시오.

책을 쓰겠다는 믿음을 가지고 지금 움직이십시오.

하고 싶은 것을 마음껏 하겠다는 믿음을 가지고 발을 떼서 움직이십시오. 핑계는 제쳐 두고 생각도 잠시 접어 두십시오. 생각은 혼자만의 시간에 자아 성찰하며 하십시오. 일단 움직이십시오.

행동할 때는 잡생각이 들어갈 틈 없이 신속해야 합니다.

믿음을 가지면 용기도 샘솟습니다.

행함은 믿음으로 용기를 낼 때 할 수 있습니다. 당신이 동기 부여를 받아도 행동으로 안 옮기는 이유가 있습니다. 동기 부여는 움직일 동기를 부여받는 것입니다. 어떤 일을 하고자 할 때 왜 해야 하는지를 설득하는 것입니다. 하지만 왜 해야 하는지는 알겠지만 정작 행동으로는 안 움직이는 사람이 많습니다.

움직일 만한 용기가 없기 때문입니다.

나는 동기 부여한 다음 용기를 불어넣습니다. 용기 부여지요.

많은 사람이 실행력, 즉 용기가 없습니다. 만들어지지 않았다고 해야겠지요. 외적인 근육도 안 쓰는 곳은 점점 손실이 오듯 내재된 정신적인 힘도 안 쓰다 보면 점점 퇴화합니다. 그래서 실행력이라는 근육을 만들 수 있게 코치가 용기를 불어넣어야 합니다. 나는 그 일을 하는 코치입니다. 많은 사람이 이렇게 말합니다.

"믿음을 가지고 시도해야 한다는 것은 알겠습니다. 하지만 안 됩니다. 두려워요. 도저히 못하겠어요."

나도 어떻게 하면 행동으로 옮길지 고민했습니다. 두려워하기도 하고 못하겠다고 버티기도 했습니다. 나는 방법을 찾아봤습니다.

나는 취미로 게임을 하는데, 왜 그 게임에 빠져드는지 곰곰이 생각해봤습니다. 게임의 장르마다 목적이 있습니다. 그리고 그 목적을 이루기 위해 여러 가지 목표를 설정합니다. 목표를 달성하다 보면 성과가 나타나고 성장하는 것이 눈에 보입니다. 그렇게 한 발씩 앞으로 나아가다 보면 재미있어지고 푹 빠지는 것입니다.

목표가 너무 크고 과정이 지루하게 느껴지면 달성하기 위해 가는 길이 길게 느껴질 때도 있습니다. 그래서 게임이 재미없다고 느끼게 됩니다. 인생도 비슷합니다. 재미를 느끼고 못 느끼고는 흥미를 가지고 해볼 마음이 있느냐 입니다. 인생은 게임처럼 목표나 과정이 수치로 정확하게 나타나지 않을 뿐입니다.

크게는 각 사람마다 인생의 목적과 목표가 있습니다. 작게는 하고 싶은 것에 대한 목적과 목표가 있을 것입니다. 나는 어떤 일을 시도할 때 어떤 목적으로 하는지 생각합니다. 먼저 시도하고 생각할 때도 있고 생각해 두고 나중에 시도할 때도 있습니다. 중요한 것은 목적에 맞는 목표를 세우고 실제로 행동하는 것입니다. 그러면 얻습니다. 용기를 가지고 실천하면 달콤한 보상이 있지만 실천하지 않으면 어떠한 것도 없습니다. 믿음으로 움직이십시오.

맛있는 것을 먹고 싶으면 식당에 가거나 직접 요리해야 합니다.

아무 행동도 하지 않으면 먹을 수 없습니다. 내가 아무것도 시도하지 않았다면 지금까지도 결과물이 하나도 없었을 것이며 의미 없이 허송세월하는 인생을 살았을 것입니다. 하지만 나는 용기를 내서 시도했습니다. 평범한 내가 했다면 누구나 할 수 있습니다.

나는 얼굴이 잘생겼거나 돈이 많은 게 아닙니다. 남달리 똑똑하거나 지식이 많거나 엄청 지혜로운 사람도 아닙니다. 그런 내가 '책'이라는 결과물을 만들고 성과를 낸 것은 용기를 냈기 때문입니다.

용기를 가지고 행동하면 결과물이 생기고 보상을 얻습니다.

무식하면 용감하다는 말이 내게 딱 들어맞았습니다. 남들이 현명하게 포기하고 움직이지 않을 때 나는 무식하게 시도하고 미련하게 포기하지 않았습니다. 그리고 다양한 것을 시도해 봤습니다.

어떻게 하면 용기를 낼 수 있을까요?

첫째, 당신이 용기를 내고 싶다면 본받고 싶은 사람을 정해서 그 사람을 따라 해보십시오. 천재작가인 나를 본받아도 좋습니다. 내 책들을 읽고 얻은 깨달음들을 하나씩 실천해 보십시오.

나는 본받고 싶은 사람이 몇 명 있었습니다. 나는 그 사람의 좋은 점을 본받아서 내게 적용시켰습니다. 마인드나 가치관이 내게 필요하다면 조언을 구하거나 곁에서 지켜보며 본받았습니다. 그리고 그 본받은 것을 내 것으로 만들기 위해 행동으로 옮겼고 실천했습니다.

그렇게 본받은 것이 내 것이 되고 나니 용기가 생겼습니다.

"할 수 있다. 해보자. 작은 것부터 시작해 보자."

둘째, 하고 싶다는 마음이 생길 때 생각 없이 일단 시작해야 합니다. 어떤 일이든 처음은 두렵고 떨리는 게 당연합니다. 그런데 두렵고 떨리는 것은 감정입니다. 감정은 생각에서 나옵니다.

일단 시작하고 나면 생소할 것입니다. 생소한 것을 계속 하다 보면 친숙해집니다. 그리고 친숙한 것이 익숙해지고 능숙해집니다. 꼭 능숙해지지 않아도 괜찮습니다. 선수가 되거나 전문가가 될 게 아니라면 친숙해지고 익숙해지는 단계까지만 해도 충분합니다.

용기를 가지십시오. 믿음으로 한 발자국씩 나아가십시오. 행하는 믿음을 가질 때 당신의 인생이 살아 있음을 느낄 것입니다.

그것이 무엇이든, 일어나 시도하십시오.

일곱 가지 은혜의 복음으로 무장하라

당신은 자기 의를 내세우기 위해 온갖 행위를 하지 않습니까?

나는 복음주의입니다. 복음이라는 것을 사고방식이나 사상 등으로 분류할 수 있는 게 아니지만 율법주의와 비교 설명을 하기 위해 분류하겠습니다. 복음과 율법은 어떻게 다를까요?

복음은 믿음으로 시작해서 믿음으로 끝납니다. 예수님이 인류의 죄를 짊어지고 십자가에 못 박혀 피 흘려 죽으셨습니다. 죄로 인한 저주인 병과 가난, 어리석음이 불법이 되었고 징계는 더 이상 채찍질이 아닌 훈계가 되었으며 죽음은 새 생명, 영원한 생명이 되었습니다. 복음은 예수를 믿음으로 이 모든 것을 은혜로 받는 것입니다.

예수님이 이미 값을 다 치루셨습니다.

"다 이루었다."(요 19:30)

당신에게 1000조 원의 빚이 있다고 생각해 보십시오. 당신의 힘으로 이 천문학적인 숫자의 빚을 갚을 수 있습니까? 율법주의는 누구의 도움도 받지 않고 혼자서 이 빚을 갚을 때까지 노예처럼 자기 땀과 피와 눈물을 흘리며 온갖 고행을 하고 도를 닦습니다.

예수님은 이 천문학적인 빚을 우리를 대신해서 십자가에 못 박히심으로 탕감해 주셨습니다. 그 사실은 영원토록 변하지 않습니다. 이러한 '주와 및 은혜의 말씀'을 믿기만 하면 되는 것이 복음입니다.

사도 바울은 말했습니다. "지금 내가 여러분을 주와 및 그 은혜의 말씀에 부탁하노니 그 말씀이 여러분을 능히 든든히 세우사 거룩하게 하심을 입은 모든 자 가운데 기업이 있게 하시리라."(행 20:32)

당신이 예수를 믿었다는 사실만으로 죄가 사라져 의인이 되었습니다. 목마름이 사라지고 성령 충만한 상태가 되었습니다. 병과 가난, 어리석음이 불법이 되었습니다. 병과 가난, 어리석음은 이 세상에 불법 체류하고 있는 것입니다. 당신은 이제 그리스도 안에서 건강하고 부유하게 되었고 지혜로운 사람이 되었습니다.

율법은 사람을 판단합니다. 기준을 정하고 그 기준에 못 미치는 사람을 정죄합니다. 책망합니다. 심판 받을 거라며 겁을 주거나 저주하기도 합니다. 예를 들면 기도를 몇 시간 했느냐를 따지거나 어떤 교육 프로그램을 이수했느냐, 혹은 금식을 며칠 했고 철야 기도를 했느냐를 따집니다. 그들은 목에 핏대를 세우며 말합니다.

"매일 한 시간, 세 시간, 일곱 시간, 기도 시간을 채우세요."

"10일, 20일, 40일 금식 기도해야 응답과 복을 받습니다."

"모든 신학 교육 프로그램을 완벽하게 이수하세요."

"하루도 빠지지 말고 철야기도, 새벽기도에 참석하세요."

내 안에서 흘러넘치는 생수의 강을 따라 기도하고 금식하고 신학 공부하고 새벽기도와 철야기도를 하는 것은 괜찮습니다. 그렇지 않고 '자기 의' 곧 육체의 행위를 내세우기 위해 하는 것은 율법주의가 되고 그 결과 오히려 축복이 아닌 저주를 받습니다.

율법주의 마인드는 끊임없이 스스로를 옭아매고 짐을 지웁니다. 율법주의자들은 짐을 덜어 주지 않고 더 많은 짐을 지웁니다. 그리고 하루라도 못 지키면 정죄하고 책망하고 저주를 퍼붓습니다.

"아니, 어제 기도 시간을 못 채웠다고요? 그러면 절대로 안 됩니다. 하루라도 못 지키면 망할 겁니다. 갑자기 교통사고 나거나 큰 병이 들 겁니다. 저주받을 겁니다. 시간을 채워야 복을 받습니다."

"금식 기도 하다가 못 참고 음식을 드셨다고요? 그러면 하는 일이 잘 안 풀릴 겁니다. 다시 금식하세요. 더 많이 금식하세요."

"새벽 기도회에 하루 빠졌다고요? 당장 나오세요. 그리고 하루도 빠지지 말고 매일 기도하세요. 그래야 하나님이 복 주십니다."

나는 이런 행태가 아주 가증스럽습니다. 성경 어디에 율법을 따라 고행하고 도 닦으라고 나와 있습니까? 행위를 통해서 복을 받거나 구원 받는다는 율법주의 거짓 가르침으로 인해 피해 본 사람이 한둘이 아닙니다. 율법주의는 우상 숭배하는 것과 동일한 것이라고 생각합니다. '자기 의'라는 우상을 숭배하는 것입니다. 율법이라는 굴레를 씌우고 그 굴레에서 빠져나오지 못하게 얽맵니다.

율법으로는 하나님 앞에 의로워질 육체가 한 사람도 없습니다.

율법주의는 '행위'라는 이름의 자기 의를 내세우는 오만한 사고

방식을 가지고 있습니다. 나와 남을 비교하고 판단합니다. 자신이 해 왔던 고행이라는 잣대를 들이대며 남을 판단합니다. 그렇게 해서 자기 기준에 못 미치면 정죄하고 책망합니다. 나보다 못 한 사람을 정죄합니다. 암이나 사고로 심판받을 거라며 겁주기도 합니다.

구약에는 하나님이 직접 심판하셨습니다. 하지만 예수님이 십자가에 못 박힘으로 칼로 심판하는 것을 멈추고 성령의 검 곧 하나님의 말씀으로 훈계하겠다고 결심하셨습니다. 잘못을 저지르면 회개하고 돌이킨 후에 다시는 같은 잘못을 저지르지 않으면 됩니다.

성령님의 인도하심을 따라 살면 죄를 짓지 않고 거룩하게 사는 것이 가능합니다. 매일 아침 눈을 뜨면 이렇게 도움을 구하십시오.

"성령님, 오늘도 제가 거룩한 삶을 살게 해주세요."

율법주의는 하나님의 아들 예수를 믿지 않습니다.

유대인들은 오신 그리스도를 믿지 않고 예수를 부정합니다. 메시야가 아직 오지 않았다며 오실 그리스도를 믿습니다. 그래서 율법주의는 하나님의 영이신 성령님도 부정합니다. 예수를 구주로 믿으면 성령이 생수의 강처럼 넘치게 된다는 것을 믿지 않습니다.

지금도 율법주의 지도자들은 자신의 힘과 행위, 온갖 고행과 도를 닦음, 훈련 프로그램을 통해 성령을 채워야만 한다는 사상을 가지고 있습니다. 수많은 행위를 통해 성령을 한 방울씩 채우고 그릇이 가득 차서 넘치면 그때 하나님의 역사가 일어난다고 믿습니다. 그렇지 않습니다. 성령과 능력을 받는 것은 오직 믿음으로입니다.

"너희에게 성령을 주시고 너희 가운데서 능력을 행하시는 이의 일이 율법의 행위에서냐 혹은 듣고 믿음에서냐."(갈 3:5)

복음은 짐을 지우지 않습니다. 오히려 짐을 덜어 줍니다. 마음에 여유를 주고 평화를 줍니다. 온갖 행위를 통해 성령 충만해지고 건강해지고 그런 게 아닙니다. 오직 믿음으로 성령 충만해집니다.

믿음으로 이미 의로워졌습니다. 믿음으로 이미 성령 충만해졌습니다. 믿음으로 이미 건강해졌습니다. 믿음으로 이미 부요해졌습니다. 믿음으로 이미 지혜로워졌습니다. 믿음으로 평화를 가지고 생명을 가졌습니다. 이 일곱 가지 복음의 행복 원리를 가졌기 때문에 생수의 강을 따라 많이 기도하고 금식하는 것은 괜찮습니다.

하나님은 우리의 중심을 다 꿰뚫어 보고 계십니다. 율법주의에 얽매여 억지로나 인색한 마음으로 신앙생활 하면 안 됩니다.

율법주의를 내려놓고 복음을 믿기 바랍니다. 내가 아무리 권고해도 귀를 막고 마음의 문을 닫고 있으면 소용이 없습니다. 귀를 열고 마음의 문을 열고 온전히 받아들이십시오. 율법이라는 짐을 벗으십시오. 판단이라는 이름의 잣대를 치우십시오. 복음을 받아들일 때 당신의 짐이 덜어지고 판단이라는 잣대가 치워질 것입니다.

당신 안에 일곱 가지 행복의 복음이 임했습니다.

당신은 행복한 사람입니다.

신적인 깨달음으로 두려움을 극복하라

당신은 하나님이 깨달음을 주신다는 것을 압니까?

하나님은 여러 가지 상황과 방법을 동원해서 당신을 깨우치십니다. 직접적인 경험을 통해 깨달음을 주시기도 하지만 책을 통해 간접적으로 깨달음을 주실 때도 있습니다. 깨달음을 사모하십시오.

어떤 깨달음은 하나에 1억, 10억의 가치가 있습니다. 깨달으면 하루에 1억, 10억을 벌 수도 있지만 깨닫지 못하면 하루에 1억, 10억을 잃고 수백억의 재산을 다 잃을 수도 있기 때문입니다.

하나님은 당신에게 두려워하지 말라고 말씀하십니다. 성경에는 하나님이 우리에게 36,500가지 약속을 하셨습니다. 그것을 다 나열하려면 지면이 부족합니다. 그중에서 두려워하지 말라고 하신 말씀이 366개 입니다. 하나님은 365일에 윤년을 더한 날 중 단 하루도 두려워하지 말라고 하셨습니다.

두려움이 무엇입니까? '두려운 느낌'입니다.

하나님은 우리가 느낌이 아닌 오직 믿음으로 살기를 원하십니다.

꿈과 목표, 성공, 미래, 돈, 의식주, 인간관계, 결혼, 자녀, 죄, 목마름, 병, 가난, 어리석음, 징계, 죽음 등등 끝도 없이 나열할 수 있습니다. 하나님은 이런 모든 두려움에 대하여 "두려워하지 말라"고 하셨습니다. 사람들은 두려움에 떨며 말합니다.

"두려워하지 말라니요? 말도 안 돼요. 당장 앞가림하기도 힘들고 내일 먹고 마실 것 조차 없어요. 근근이 하루 벌어 하루 먹고살아요. 언제 죽을지조차 모르는데 어떻게 두려워하지 말라는 거예요? 내일이 오기는 할까, 폭삭 망해서 깡통 계좌가 되면 어떡하지, 목표를 이룰 수는 있을까 하는 걱정과 두려움에 잠도 못자요."

사람은 대체로 모르는 것에 대해 두려움을 느낍니다. 미지에 대한 두려움입니다. 새롭지 않아도 문제를 정확하게 인식하지 못하면 두려움을 느끼기도 합니다. "아는 만큼 보인다"는 속담이 있습니다. 이 말을 달리하면 "보이는 만큼 안다"고 할 수 있습니다.

모든 문제는 어떤 관점에서 보느냐에 따라서 전혀 다른 것이 됩니다. 그러므로 어떤 큰 문제에 부딪혔다면 즉시 당신의 위치를 바꿔야 합니다. 공격 받는 위치에서 공격하는 위치로, 압박당하는 위치에서 압박하는 위치로 바꾸십시오. 그러면 쉽게 해결됩니다.

나를 따라 말해 보십시오.

"어떤 큰 문제에 부딪혔다면 즉시 내의 위치를 바꿔야 한다. 공격받는 위치에서 공격하는 위치로, 압박당하는 위치에서 압박하는 위치로 바꾸면 쉽게 해결된다. 압박당하지 말고 압박하자.”

하나님께만 순복하고 마귀를 대적하십시오. “마귀를 대적하라. 그리하면 너희를 피하리라”(약 4:7)고 했습니다.

“마귀를 대적하라”는 말은 “마귀를 압박하라”는 뜻입니다.

당신 안에 크신 예수 그리스도가 실제로 살아 계십니다.

그러므로 크게 생각하고 아무것도 두려워하지 마십시오.

숨은 그림 찾기 게임을 할 때 처음 보면 어디에 숨은 그림이 숨어 있는지 모릅니다. 계속 뚫어지게 그림을 보다가 숨어 있는 것을 발견했을 때 그것에 대해 인식하게 됩니다. 그러면 전체 그림이 새롭게 보입니다. 마음속에 숨어 있는 두려움도 찾아내야 합니다.

미래에 대한 두려움은 미리 알 수 없기 때문에 생기는 것입니다.

당신이 미래를 안다면 미래에 대한 두려움이 없을 것입니다.

두려움을 극복하는 방법은 다양합니다. 그중에서 나는 믿음으로 두려움을 극복하는 방법을 터득했습니다. 믿음으로 두려움을 극복하라니 이해가 안 된다고요? 성경에는 이런 말씀이 있습니다. “믿음은 바라는 것들의 실상이요 보이지 않는 것들의 증거다.”(히 11:1)

믿음은 바라는 것들의 실상입니다.

‘실상’이라는 단어를 사전에 찾아보면 이렇게 나와 있습니다.

첫째, 실제 모양이나 상태

둘째, 모든 것의 그대로의 참 모습

이해가 되십니까? 위 사전의 뜻을 집어넣어 보면 이렇게 됩니다.

“믿음은 바라는 것들의 실제 모양이나 상태요.”

“믿음은 바라는 것들의 그대로의 참 모습이요.”

그 다음으로 "보이지 않는 것들의 증거니" 라고 되어 있습니다.

믿음은 이미 있는 것에 대한 것이 아닙니다. 예를 들어 당신에게 자동차가 있다고 합시다. 자동차가 실제로 있는데 믿음이 필요합니까? 자동차가 없다고 두려움에 떱니까? 아닙니다. 자동차가 있다는 사실을 인식할 뿐입니다. 당신에게 자동차가 없을 때 비로소 믿음이 필요한 것입니다. 가졌다는 믿음이 있으면 자동차가 생깁니다.

두려움에 대해서도 마찬가지입니다. 두려울 때 믿음이 필요한 것입니다. 어떤 것이 없을 때 두려움이 생겨납니다. 보이지 않는 것에 대한 두려움입니다. 그때 믿음을 가져야 한다는 말입니다.

눈을 감으면 캄캄한 어둠만 보이고 두려움이 생깁니다. 하지만 눈을 뜨면 사물이 보이게 되고 두려움이 사라집니다. 육체의 눈을 감고 떠도 이러한데 마음의 눈을 꼭 감고 있으면 어떻겠습니까?

마음의 눈, 곧 믿음의 눈을 뜨십시오.

당신이 바라는 것을 믿음으로 구하십시오.

두려움을 극복하겠다는 것도 믿음으로 가능합니다. 믿음으로 없는 것을 구하고 믿음의 눈으로 없는 것을 상상하며 바라보십시오.

그러면 실상으로 나타나게 될 것입니다.

인생은 믿음대로 됩니다.

신과 교제하며 그분의 음성에 따라 살라

당신은 하나님의 음성을 따라 삽니까?

나는 하나님의 음성을 따라 삽니다. 하나님이 하라고 하시면 하고 하지 말라고 하시면 안 합니다. 내 주체는 하나님이십니다.

하나님의 음성에 따라 살면 반드시 복을 받습니다.

하나님은 우리에게 세미한 음성으로 말하십니다. 나는 하나님과 인격적으로 교제합니다. 어떻게 그게 가능할까요? 그것은 '사랑하는 마음'에서 비롯됩니다. 사랑하는 마음 없이는 하나님과 인격적으로 교제할 수 없습니다. 단순히 친하게 지내는 것은 사랑하는 마음이 없어도 되지만 인격적으로 교제하려면 사랑하는 마음이 필요합니다. '교제'란 말의 의미는 이렇습니다.

"서로 사귀어 가까이 지냄."

하나님과 사귀어 가까이 지내야 합니다. 하나님과의 관계를 어떤 목적을 달성하기 위한 수단으로만 생각하면 안 됩니다. 사람을 대할 때도 마찬가지입니다. 어떤 사람을 자기 목적을 달성하기 위한 수단으로만 생각하며 가까이 지내면 반드시 관계가 깨집니다.

하나님을 인격자로 존중하며 교제하십시오.

하나님은 당신을 사랑하십니다. 하나님이 당신을 사랑할 때 어떤 목적을 달성하기 위한 수단으로 사랑하는 게 아닙니다. 하나님은 당신을 아무 조건 없이 순수하게 사랑하십니다. 당신은 그 사실을 받아들여야 합니다. 하나님은 아브라함의 하나님, 이삭의 하나님, 야곱의 하나님이기도 하지만 당신의 하나님이기도 합니다.

나는 '김추수의 하나님'을 사랑하고 있습니다. 하나님은 죽은 자들의 하나님이 아닙니다. 살아 있는 사람의 하나님입니다.

당신의 이름을 집어넣어서 소리 내어 읽어보십시오.

"000의 하나님."

당신의 하나님이 당신을 보살피십니다. 나의 하나님도 나를 보살피십니다. 나는 '김추수의 하나님'과 인격적으로 교제합니다.

당신은 당신의 하나님과 인격적으로 교제하면 됩니다.

당신은 하나님의 음성을 붙들어야 합니다. 하나님과 인격적으로 교제하다 보면 누군가 비난하기도 합니다.

"너만의 하나님이냐? 하나님과 인격적으로 교제한다고 다냐? 사람이 신과 인격적으로 교제한다는 게 말이 되냐?"

출애굽기에서 모세의 형 아론과 그의 아내 미리암이 모세에게 이런 말을 해서 하나님의 저주를 받아 문둥병에 걸렸습니다.

이렇게 비난하는 것은 한두 사람뿐입니다. 당신을 비난하는 사람의 이름을 적어 보십시오. 몇 명이 안 될 것입니다. 그들 때문에 당신의 인생이 힘들어야 할 필요가 없습니다. 이유 없는 비난은 차단하고 듣지 마십시오. 이유 있는 비난이라면 자신을 돌아보십시오.

만약 당신이 잘못한 것이 있다면 찾아서 고치면 됩니다.

잘 모르는 남이 나를 비난했다고 흔들리지 마십시오. 하나님의 음성을 붙들면 쉽습니다. 사자는 쥐들이 찍찍거려도 아무 신경 안 씁니다. 어흥! 하고 소리치면 쥐들이 달아납니다. 독수리도 마찬가지입니다. 참새들이 아무리 짹짹거려도 독수리가 한 번 날개를 해치면 참새들은 달아납니다.

하나님의 음성을 붙들면 사자같이 담대하게 소리칠 수 있습니다. 하나님의 음성을 붙들면 독수리같이 의연하게 헤쳐 나갈 수 있습니다. 당신은 하나님만 바라보고 하나님과 인격적으로 교제하기 바랍니다. 당신의 몸은 하나님의 성전입니다.

당신 안에 하나님의 영이신 성령님이 가득히 들어와 계십니다.

지금 당신 안에 생수의 강이 흐르고 있습니다.

주위 사람들의 말에 휘둘리지 말라

당신은 사람들의 말에 휘둘리지 않습니까?

나는 사람들의 말에 휘둘리지 않습니다. 성령님의 음성 위에 집을 짓기 때문입니다. 그래서 내 인생은 견고하고 튼튼합니다.

하나님은 사람을 칭찬으로 연단하십니다. "칭찬은 고래도 춤추게 한다"는데 무슨 말이냐고요? 칭찬을 과하게 받다 보면 기고만장해지고 자만하게 된다는 말입니다. 사람을 거꾸러뜨리는 데에는 별다른 수고가 필요하지 않습니다. 칭찬하는 몇 마디면 충분합니다.

사람들의 칭찬과 위로의 말에 마음을 두지 마십시오. 사람들의 말에 민감하면 사람을 의지하며 모래 위에 집을 짓게 됩니다. 하나님의 음성 위에 집을 지어야 반석 위에 집을 짓는 것입니다.

하나님의 영이신 성령님은 우리에게 세미한 음성으로 말씀하십니다. 칭찬과 위로를 건네십니다. 그 말들이 가슴에 새겨지면 반석이 되어 토대가 단단해집니다. 당신은 사람들의 말에 귀 기울이지 말고 성령님의 음성에 귀 기울이기 바랍니다.

하나님과 나는 여러 관계로 정의할 수 있습니다. 부자 관계, 주종 관계 등입니다. 아버지가 하는 말에 아들은 순종합니다. 주인이 하는 말에 종은 복종합니다. 나는 내 기준으로 판단하지 않습니다. 오직 하나님의 영이신 성령님께 여쭙니다. 그 음성에 순종합니다.

누군가는 이렇게 말할 수 있습니다.

"그건 노예의 삶과 다를 게 뭐가 있나요? 내 의사나 감정, 기준도 필요 없고 판단하지 말라니요?"

노예가 아닙니다. 하인이나 시종 같은 개념이 아닙니다.

왕이 신하에게 명령하면 그 신하가 순종했을 때 노예가 된답니까? 아닙니다. 신하는 신하일 뿐입니다. 왕이신 하나님이 내게 명령하면 하나님의 신하인 나는 순종할 뿐입니다. 왕의 말에 신하의 기준은 필요 없습니다. 또 다른 관점으로는 아버지가 명령하면 아들은 순종하는 것입니다. 아들이 아버지의 명령에 순종했다고 노예가 됩니까? 아닙니다. 아들은 아들일 뿐입니다.

노예로 만드는 것은 썩어빠진 마인드에서 비롯됩니다. 무의식이건 의식적이건 노예라는 마인드가 뿌리 깊게 자리 잡혀 있기 때문입니다. 남의 기준으로 잣대를 들이대니 자신이 노예라고 생각하는 것입니다. 기준과 잣대, 판단은 율법에서 비롯되었습니다. 그들은 율법을 기준으로 잣대를 들이대서 조금이라도 어긋나면 틀렸다고 말하는 것입니다. 그리고 틀렸다고 여겨지면 심판하고 정죄합니다.

율법의 기준으로 판단하며 틀렸나 맞았나를 따지고 정죄하다 보면 결국 관계가 깨지고 깊은 감정의 골이 생기게 됩니다.

나는 사람에 대해서 판단하는 것을 멈췄습니다. 판단하다 보면 비교하게 됩니다. 남과 나를 비교하고 남과 또 다른 남을 비교합니다. 나는 판단해 봤자 좋을 게 없다는 것을 깨달았습니다. 깨닫기 전에는 나도 함부로 사람을 판단했습니다. 이 사람은 어떻고 저 사람은 어떻고 판단하며 내 잣대를 들이댔습니다. 그러다 보니 여러 사람이 나를 떠났습니다. 판단하면 내 기준에 마음에 맞지 않는 사람과 사사건건 부딪힙니다. 결국에는 사이가 틀어집니다.

나는 물건에 대해서는 판단합니다. 비슷한 물건 중에 마음에 드는 것을 고를 때입니다. 식당에서 먹고 싶은 메뉴를 고르는 것과 같습니다. 그러나 오직 사람에 대해서는 판단하지 않습니다.

"그러므로 남을 판단하는 사람아, 누구를 막론하고 네가 핑계하지 못할 것은 남을 판단하는 것으로 네가 너를 정죄함이니 판단하는 네가 같은 일을 행함이니라."(롬 2:1)

그러면 사람을 어떻게 대해야 할까요? 나는 사람을 날 때부터 그런 사람이라고 이해하고 넘어갑니다. 태어나기를 그렇게 태어난 사람이라고 생각합니다. 판단하지 않고 온전히 받아들이는 것입니다. 남자냐 여자냐, 부자냐 가난하냐, 똑똑하냐 어리석냐 등을 따지지 않습니다. "외모로 판단하지 말고……."(요 7:24)

나는 사람의 외모를 보고 그 사람에 대해서 판단하는 것을 그만뒀습니다. 나도 사람이기에 외모에 혹할 때가 있습니다. 아름다운 사람, 멋있는 사람, 키 큰 사람, 몸매가 좋은 사람, 돈이 많은 사람

등 외모에 홀려 그 사람의 내면에 있는 진실 된 모습을 놓칠 때도 있었습니다. 그럼에도 불구하고 나는 성령님께 도움을 구하며 그 사람의 내면에 있는 진실 된 모습을 보려고 노력합니다.

외모로 사람을 판단하지 마십시오. "그러므로 때가 이르기 전 곧 주께서 오시기까지 아무것도 판단하지 말라. 그가 어둠에 감추인 것들을 드러내고 마음의 뜻을 나타내시리니 그 때에 각 사람에게 하나님으로부터 칭찬이 있으리라."(고전 4:5)

내가 판단하는 것은 두 가지입니다. 물건과 양심입니다. 물건은 내 취향에 따라 판단합니다. 마음에 드는 물건을 고릅니다. 양심은 옳고 그름, 곧 율법에 따릅니다. 내 율법은 오직 십계명뿐입니다. 사실 율법이라고 할 것도 없습니다. 하나님이 우리에게 존귀하게 살라고 주신 열 가지 계명을 지키는 것이기 때문입니다.

나는 하나님을 존중하고 나를 존중하고 내 가족과 지인을 존중하는 십계명을 지킵니다. 나는 양심에 따라 옳고 그름을 판단하지만 정죄하거나 책망하지는 않습니다. 왜냐고요? 내가 정죄하고 책망한다고 그 사람이 바뀌는 게 아니기 때문입니다. 사람을 바꾸는 것은 사람이 할 수 없고 하나님만 가능합니다. 사람을 바꾸려고 정죄하고 책망해 봤자 피곤해지고 서로의 감정만 상할 뿐입니다. 율법주의 잣대를 내려놓으십시오. 당신이 가진 수많은 판단의 잣대도 다 내려놓으십시오. 사람의 말이 아닌 성령님의 음성을 붙드십시오.

"어찌하여 형제의 눈 속에 있는 티는 보고 네 눈 속에 있는 들보는 깨닫지 못하느냐? 너는 네 눈 속에 있는 들보를 보지 못하면서 어찌하여 형제에게 말하기를 형제여 나로 네 눈 속에 있는 티를 빼게 하라 할 수 있느냐? 외식하는 자여, 먼저 네 눈 속에서 들보를 빼라. 그 후에야 네가 밝히 보고 형제의 눈 속에 있는 티를 빼리라. 못된 열매 맺는 좋은 나무가 없고 또 좋은 열매 맺는 못된 나무가 없느니라. 나무는 각각 그 열매로 아나니 가시나무에서 무화과를, 또는 찔레에서 포도를 따지 못하느니라. 선한 사람은 마음에 쌓은 선에서 선을 내고 악한 자는 그 쌓은 악에서 악을 내나니 이는 마음에 가득한 것을 입으로 말함이니라. 너희는 나를 불러 주여 주여 하면서도 어찌하여 내가 말하는 것을 행하지 아니하느냐? 내게 나아와 내 말을 듣고 행하는 자마다 누구와 같은 것을 너희에게 보이리라. 집을 짓되 깊이 파고 주추를 반석 위에 놓은 사람과 같으니 큰 물이 나서 탁류가 그 집에 부딪치되 잘 지었기 때문에 능히 요동하지 못하게 하였거니와 듣고 행하지 아니하는 자는 주추 없이 흙 위에 집 지은 사람과 같으니 탁류가 부딪치매 집이 곧 무너져 파괴됨이 심하니라 하시니라."(눅 6:41~49)

성령님의 음성을 반석 삼아 집을 짓기 바랍니다.

작은 것에 순종하면 큰 것을 맡는다

당신은 지극히 작은 것에 순종합니까?

예수님은 달란트와 므나 비유를 하셨습니다.

마태복음 25장 14~30절과 누가복음 19장 12~27절을 읽어보십시오. 이 내용을 통해 귀한 깨달음을 얻고 성장하기 바랍니다.

금 한 달란트는 현 시세로 약 20억 정도입니다.

한 므나는 약 천만 원 정도입니다.

두 이야기의 의미는 같습니다. 왕이 타국의 잔치에 참석하기 전에 세 신하들에게 돈을 맡겼습니다. 각기 그 재능대로 한 신하에게는 금 다섯 달란트를, 다른 신하에게는 두 달란트를, 또 다른 신하에게는 한 달란트를 맡기고 떠났습니다.

첫째 신하는 다섯 달란트를 가지고 장사하여 다섯 달란트를 남겼습니다. 총 열 달란트가 된 것입니다. 둘째 신하는 두 달란트를 가지고 첫째 신하가 하는 것을 유심히 보고 따라 하여 두 달란트를 남겼습니다. 총 네 달란트가 되었습니다. 셋째 신하는 한 달란트를 가지고 땅에 파묻어 뒀습니다.

왕이 돌아왔을 때, 신하들을 불러 모아 논공행상을 했습니다. 첫째 신하에게 왕은 "잘하였다, 충성된 종아. 네가 작은 것에 충성하였으매 내가 많은 것을 네게 맡기리니 네 주인의 즐거움에 참여할지어다"라고 했습니다. 둘째 신하에게도 같은 말을 했습니다.

하지만 돈을 파묻기만 한 셋째 신하에게는 "악하고 게으른 종아. 어찌하여 땅에 파묻어 두기만 했느냐. 차라리 은행에 맡겨서 이자라도 받아야 하지 않겠느냐?"고 했습니다. 한 달란트를 빼앗아 열 달란트 가진 자에게 주라고 하며 "무릇 있는 자는 받아 풍족하게 되고 없는 자는 그 있는 것까지 빼앗기리라"고 했습니다.

그 후 셋째 신하를 바깥 어두운 데로 내쫓았습니다.

여기서 우리는 몇 가지 깨달음을 얻을 수 있습니다.

첫째, 우리에게 한 달란트는 큰돈입니다. 다섯 달란트를 맡은 신하는 100억을 맡은 것입니다. 그런데 왕은 이 돈이 지극히 작다고 말하고 있습니다. 하나님 아버지는 그 정도로 크신 분입니다.

둘째, 장사하여 남기라고 했습니다. 하나님은 성경을 통해 우리에게 말씀하십니다. 가난한 것은 하나님의 뜻이 아니라고요. 세상 사람들은 돈 좀 벌었다고 떵떵거리며 잘 사는데 만왕의 왕이신 하나님의 자녀인 우리가 거지처럼 가난하게 살면 되겠습니까?

"부자가 천국에 들어가는 것이 낙타가 바늘구멍에 들어가는 것보다 어렵다고 들었는데요?" 맞습니다. 어떤 부자라도 돈의 힘으로 천국에 들어가지 못합니다. 모든 부자가 천국에 들어가지 못하는 것은 아닙니다. 하나님을 믿지 않는 불신자들, 예수님의 피와 십자가를 받아들이지 않는 율법주의자들을 가리켜 말씀하신 것입니다.

셋째, 지극히 작은 것에 순종할 때 하나님은 큰 것을 맡기십니다.

다섯 달란트, 두 달란트라는 지극히 작은 것에 순종했을 때 열 고을, 네 고을을 맡게 되었습니다. 고을은 영지를 말합니다.

넷째, 은행에 맡겨 이자라도 받아야 합니다. 한 달란트 곧 20억 정도의 돈이 있다면 은행에 맡겨 이자라도 받아야 합니다. 땅에 묻어 두면 썩히는 것과 같습니다. 돈을 땅에 묻고 썩히면 무슨 소용이겠습니까? 20억이라는 돈을 은행에 맡기면 거기에서 나오는 이자가 얼마나 될까요? 성령님께 지혜를 구하며 잘 투자해야 합니다.

다섯째, 셋째 신하의 돈을 첫째 신하에게 준 뒤에 왕이 한 말이 있습니다. "무릇 있는 자는 받아 풍족하게 되고 없는 자는 그 있는 것까지 빼앗기리라."(마 25:29) 이 문장을 곡해하면 안 됩니다.

보통 이 구절을 가지고 빈익빈 부익부를 상상합니다. 나도 그랬던 적이 있었습니다. 돈이 돈을 불러오고 가난한 사람은 계속해서 가난하게 살 수밖에 없다고 생각했습니다. 그러나 이 구절의 정확한 뜻은 순종한 자와 불순종한 자의 차이를 말하는 것입니다. 왕의 말 곧 하나님의 말씀에 순종한 사람은 받아 풍족하게 됩니다. 왕의 말 곧 하나님의 말씀에 불순종한 사람은 있는 것까지 빼앗기게 된다는 뜻입니다. 작은 것에 충성할 때 큰 것을 받아 누립니다.

사람이 상사의 말에 불순종해도 손해가 옵니다. 그런데 사람이신의 말에 불순종하면 얼마나 큰 손해가 오겠습니까? 예수님은 이 구절을 통해 "하나님께는 세상만사가 지극히 작은 것이다. 하나님께 순종하라"고 말씀하십니다. 그리고 지극히 작은 것에 순종할 때 큰 것을 받아 풍족하게 될 것이라고 하셨습니다.

당신은 지극히 작은 것에 불순종하지 않습니까? 그렇다면 지금이라도 바꾸십시오. 지금껏 불순종해서 얻은 손해를 작게 여기십시오. 그리고 하나님의 말씀에 순종하십시오. 그러면 하나님이 당신에게 손해를 메꾸고도 남을 만큼 큰 복을 부어 주실 것입니다.

"여호와께서 나를 위하여 보상해 주시리이다."(시 138:8)

코치 받는 것을 감사하게 여기라

당신은 코치 받으면 감사합니까?

나는 부모님의 코치를 잔소리로 여긴 적이 참 많았습니다. 사실 부모 자녀 관계가 다 그렇습니다. 부모는 자녀가 잘되라는 뜻에서 구체적으로 하나씩 코치합니다. 하지만 자녀는 그 코칭을 잔소리로 여기고 한 귀로 듣고 한 귀로 흘립니다. "내 아들아, 네 아비의 훈계를 들으며 네 어미의 법을 떠나지 말라"(잠 1:8)고 했습니다.

나는 내가 부족한 부분에서 코치를 받을 때 잔소리로 여겼습니다. 내가 부족한 것을 인지하고 있음에도 불구하고 잔소리로 여긴 것입니다. 참 신기합니다. 귀한 깨달음을 얻었음에도 내가 값을 치르지 않으니 싸구려로 여겼습니다. 물건에 값이 왜 있겠습니까? 그것에 대한 가치를 매겨 놓은 것입니다. 누군가 나에게 조언을 해줬을 때 그것에 값을 매겼다면 적잖은 돈을 지불해야 할 것입니다.

그러므로 누군가 당신에게 코칭을 해줬다면, 조언을 줬다면 억만 번이나 감사히 여겨야 합니다. 조언을 소중히 하지 않고 소홀히 여긴다면 수십 년이 지나도 당신은 성장하지 못할 것이며 당신의 연약하고 부족한 부분이 조금도 나아지지 않을 것입니다.

성경에서도 하나님이 세상을 상대로 코치를 합니다. 구약에서는 직접적인 징계를 하셨습니다. 칼로 치고 불로 치고 다양한 방법으로 사람들을 치셨기 때문에 많은 사람들이 죽었습니다.

현대의 의학으로 예를 들면 악성 종양이 생겼을 때 적출 수술이나 병균을 사멸시키는 치료와 같습니다. 구약시대에 하나님의 징계는 병이 더 심해지기 전에 공동체를 치료하시려는 뜻이었습니다.

신약에 와서 하나님은 자신의 외아들 예수님을 세상에 내려 보내셨습니다. 그리고 예수님을 통해 세상을 코치하며 구원하기 시작하셨습니다. 그것이 30세가 된 예수님의 공생애입니다. 3년간 세상을 두루 돌아다니며 예수님은 세상에 하나님의 마음과 지식과 지혜를 전하고 하나님의 나라가 가까이에 있다고 하셨습니다.

예수님이 3년간의 공생애를 끝내고 십자가에 못 박혀 죽으셨습니다. 3일 뒤 다시 살아나셨고 하늘 위로 올라가셨는데 그것으로 끝난 줄 알았습니다. 하지만 하나님의 코치는 끝나지 않았습니다. 하나님은 우리와 인격적으로 교제하기 위해 세상에 성령님을 보내셨고 지금은 성령님을 통해 하나님은 개개인을 코치하고 계십니다.

성령님은 당신의 인생에 직간접적으로 영향력을 발휘하며 코치하십니다. 하지만 그 코칭을 감사하지 않거나 코치 받아도 무시한다면 성령님은 침묵을 지키십니다. 그분은 존귀하신 하나님의 영이시며 당신이 도움이 필요할 때만 찾는 분이 아닙니다.

성령님과 인격적으로 교제하는 삶을 살다 보면 세미한 음성을 듣게 됩니다. 그럴 때 그 음성을 잔소리로 듣지 말아야 합니다. 코칭을 감사히 여기고 소중하게 붙들고 삶에 적용시켜야 합니다. 성령님의 코칭은 위로부터 온 지혜 곧 신적이고 천재적인 지혜이며 솔로몬보다 억만 배나 더 크신 예수님의 지혜입니다.

하나님이 당신을 코치하시는 것은 당신의 성공과 행복을 위해서입니다. 부모가 자녀를 위하듯 하나님도 당신이 잘 되기를 원하시기 때문입니다. 그러므로 당장 마음에 들지 않고 당신의 생각과 달라도 하나님이 말씀을 통해 코치하셨다면 가슴에 새겨야 합니다.

지금은 하나님이 직접적으로 치지 않으십니다. 하나님이 직접적으로 징계한 것은 구약에서 끝났습니다. 신약에 와서는 '주와 및 그 은혜의 말씀'을 통한 훈계만 할 뿐입니다. 구약시대는 직접적인 징계가 있었지만 지금은 그렇지 않습니다. 예수님이 십자가에 못 박히므로 우리의 죄와 저주, 징계를 다 담당하셨기 때문입니다.

"지금 내가 여러분을 '주와 및 그 은혜의 말씀'에 부탁하노니 그 말씀이 여러분을 능히 든든히 세우사 거룩하게 하심을 입은 모든 자 가운데 기업이 있게 하시리라."(행 20:32)

지금은 당신이 훈계를 듣지 않는다고 하나님이 당신을 암이나 교통사고로 직접 징계하시지는 않습니다. 그런 것은 죽이고 도적질하고 멸망시키는 사탄의 공격입니다.(요 10:10) 한두 번 훈계를 해도 듣지 않으면 하나님이 슬퍼하시고 침묵을 지키십니다. 당신은 구원에서 떨어지지 않겠지만 하나님의 사역에서는 떨어집니다. 그렇게 되기 전에 하나님은 다양한 방법으로 당신을 코치하십니다.

주의 종과 성경 말씀, 그리고 세미한 음성을 통해 당신을 인도하시는 성령님의 코치를 감사히 여기십시오. 인생이 바뀌고 싶습니까? 코치 받은 것을 소홀히 여기지 말고 삶에 적용시켜 나가십시오.

시간이 지나고 돌아보면 인생이 바뀐 자신을 볼 수 있게 됩니다.

당신의 인생을 축복합니다.

노동 마인드가 아닌 존재 마인드를 가지라

당신은 마르다 같은 사람입니까? 마리아 같은 사람입니까?

마르다와 마리아는 성경 속 인물입니다. 이 집안의 구성원은 장남과 두 자매로 구성되어 있습니다. 오빠는 죽었다가 살아난 나사로이고 언니인 마르다와 막내 마리아입니다.(요 11:11~44)

예수님이 한 마을에 들어가실 때 마르다가 자기 집에 예수님을 초청했습니다. 마르다는 준비할 일이 많아 분주히 일했지만 동생인 마리아는 예수님 근처에 앉아 말씀을 들었습니다. 마르다는 예수님 근처에서 말씀을 듣는 마리아가 마음에 들지 않았습니다.

"주여, 내 동생이 나 혼자 일하게 두는 것을 생각하지 아니하시나이까? 그를 명하사 나를 도와주라 하소서."(눅 10:40)

예수님은 거기에 정면으로 반박하셨습니다.

"마르다야 마르다야, 네가 많은 일로 염려하고 근심하나 몇 가지만 하든지 혹은 한가지만이라도 족하니라. 마리아는 이 좋은 편을 택하였으니 빼앗기지 아니하리라."(눅 10:41~41)

우리는 예수님이 마르다에게 하신 말씀을 가슴에 새겨야 합니다.

마르다의 이름을 빼고 자기 이름을 넣어 말해 보십시오.

"김추수야 김추수야, 네가 많은 일로 염려하고 근심하나 몇 가지만 하든지 혹은 한 가지만이라도 족하니라."

당신도 이처럼 많은 일로 염려하고 근심하지 않습니까?

몇 가지만 하든지 혹은 한 가지만이라도 족하다고 했습니다.

이 말은 두 가지의 뜻이 있습니다.

첫째, 많은 일보다 한 가지 일에 집중하라는 것입니다.

둘째, 한 가지 염려와 근심도 족하다는 뜻입니다.

마르다처럼 분주히 일하는 것이 능사가 아닙니다. 마리아처럼 예수님의 근처에 앉아 말씀을 들어야 합니다. 말씀은 곧 교제를 통한 깨달음, 지혜를 가리킵니다. 마리아는 좋은 편을 택했습니다.

마르다는 노동 마인드, 하녀 마인드를 가지고 있었습니다. 그 속에는 노동 가치, 봉사 가치를 내포하고 있었습니다. 마르다는 예수님께 인정받지 못했고 더 좋은 편을 택하지 않았다고 인생 코치를 받았습니다. 노동 가치보다 더 좋은 편이 있다는 뜻입니다.

마리아는 존귀 마인드를 가지고 있었습니다. 존귀 마인드는 존재 가치, 교제 가치를 내포하고 있습니다. 마리아는 예수님 근처에 앉아 존재하기만 했습니다. 예배하며 말씀을 듣고 예수님과 교제했습니다. 교제는 곧 대화입니다. 마리아는 예수님께 좋은 편을 택했다고 인정받았습니다. 존재만 했고 교제만 했을 뿐인 데도요.

당신은 어떤 마인드를 가지고 삽니까? 노동 마인드가 아닌 존재 마인드를 가지고 살아야 하지 않겠습니까? 노동 마인드, 노예 마인드, 하녀 마인드를 가지고 살면 평생 땀 흘리며 살아야 하는 비참한 인생이 됩니다. 하나님의 자녀는 은혜로 살아야 합니다.

"나의 하나님이 그리스도 예수 안에서 영광 가운데 그 풍성한 대로 너희 모든 쓸 것을 채우시리라"(빌 4:19)고 했습니다.

하나님은 당신의 필요를 어떻게든 다 채우십니다.

하나님이 채우신다면 당신은 예수 이름으로 받으면 됩니다.

"예수 이름으로 구원을 받습니다."

"예수 이름으로 치료를 받습니다."

"예수 이름으로 권능을 받습니다."

"예수 이름으로 공급을 받습니다."

"예수 이름으로 세례를 받습니다."

세례 요한은 물로 세례를 주었지만 예수님은 성령과 불로 세례를 주시는 분입니다. 우리는 믿음으로 받으면 됩니다. "나는 너희로 회개하게 하기 위하여 물로 세례를 베풀거니와 내 뒤에 오시는 이는 나보다 능력이 많으시니 나는 그의 신을 들기도 감당하지 못하겠노라 그는 성령과 불로 너희에게 세례를 베푸실 것이요."(마 3:11)

이 모든 것을 하나님은 은혜로 거저 주시겠다고 했습니다. 이 모든 값은 예수님이 십자가에서 피와 물을 쏟으며 다 지불하셨습니다.

"다 이루었다."(요 19:30)

노동 가치는 낮습니다. 한 달 동안 일해서 받는 삯뿐입니다. 죽어라 노동해도 알아주는 사람이 없습니다. 오히려 나이 들어서 골병 들고 가진 재산을 다 탕진하도록 치료받아야 합니다.

봉사 가치도 마찬가지입니다. 당신의 마음속에서 우러나와 하는 한두 가지의 봉사는 좋습니다. 하지만 그렇지 않고 많은 일로 염려하고 근심하며 분주하게 봉사한들 알아주는 사람은 없습니다.

당신은 존재 마인드를 가져야 합니다. 노동 가치가 아닌 존재 가치를 통해서도 큰 수익을 창출할 수도 있습니다. 당신은 존재하는 것만으로도 존귀한 사람임을 기억하십시오. 아침에 일어날 때마다 "나는 존귀한 사람이다. 행복하다"라고 중얼거리십시오.

나는 대화하는 것을 좋아합니다. 누군가와 교제하며 대화할 때가 즐겁습니다. 내 존재만으로 사람들에게 영향력을 끼칩니다. 어떻게 그게 가능하냐고요? 나는 내가 대단한 사람이라고 생각하지 않습니다. 그저 존재하는 것으로 귀하다는 생각만 할 뿐입니다. 내가 아무리 대단한들 나보다 더 대단한 사람이 나타나면 위축되기 마련입니다. 하지만 존재하는 것만으로도 귀하다는 생각은 어느 누가 와도 위축되지 않습니다. 나는 존재 가치만으로도 100조 원이 넘습니다.

만약 내가 존재만으로 가치 있다는 생각하지 않았다면 밖에 나갈 수조차 없었을 것입니다. "너는 돈을 얼마나 버니? 어떤 직장을 다니니? 너의 집안은 얼마나 대단하니? 왜 너는 다른 사람들처럼 직장에 출근해서 하루 종일 땀 흘리며 일하지 않니?"라는 식으로 많은 사람들이 외모와 노동 가치로 나를 판단하고 비판하고 정죄하고 심판하려고 대들기 때문입니다. 그런 말을 듣다 보면 위축되고 부정적인 생각만 가득해질 것입니다. 나는 하나님이 기름 부으신 소중한 사람이며 내가 존재하는 것만으로도 큰 가치가 있습니다. 나는 하나님과 친밀한 교제를 나누는 하나님의 사람입니다. 하나님이 기름 부으신 종인 나의 말 한 마디가 한 영혼을 구원할 수도 있고 수십 년 동안 해결하지 못한 문제를 1초 만에 해결할 수도 있습니다.

세상 만물이 하나님의 것입니다. 하나님은 당신을 위해 이 아름다운 세상을 만드셨습니다. 당신은 마리아처럼 창조주 예수님을 영접하고 근처에 앉아 말씀을 들어야 합니다. 마리아는 예수님 근처에 앉아 말씀을 들으며 예배했습니다. 지금은 예수님 대신 예수의 영이신 성령님과 교제하면 됩니다. 성령님은 당신 안에 생수의 강으로 가득히 들어와 계십니다. "나를 믿는 자는 성경에 이름과 같이 그 배에서 생수의 강이 흘러나오리라 하시니……."(요 7:38)

하나님은 당신을 있는 그대로 사랑하십니다. 당신이 존재하는 것만으로 하나님이 당신을 엄청 좋아하시며 많이 사랑하신다는 사실을 믿으십시오. 예수님은 공생애를 시작하실 때 벌써 그런 음성을 들으셨습니다. "그 때에 예수께서 갈릴리 나사렛으로부터 와서 요단강에서 요한에게 세례를 받으시고 곧 물에서 올라오실새 하늘이 갈라짐과 성령이 비둘기 같이 자기에게 내려오심을 보시더니 하늘로부터 소리가 나기를 '너는 내 사랑하는 아들이라. 내가 너를 기뻐하노라' 하시니라."(막 1:9~11)

여기서 "내가 너를 기뻐한다"는 말씀은 "내가 너를 좋아한다"는 뜻입니다. 아무것도 하지 않았는데도 하나님은 좋아하신다고 했습니다. 예수님이 아직 아무 일도 하지 않았을 때입니다. 그렇습니다. 하나님은 당신에게 이렇게 말씀하시지 않으십니다.

"네가 대단한 인물이니 내가 너를 좋아한다."

"네가 금식하고 철야했으니 내가 너를 좋아한다."

"네가 귀신을 쫓아내고 병을 고쳤으니 내가 너를 좋아한다."

"네가 직장에 다니며 많은 노동을 했으니 내가 너를 좋아한다."

"네가 착한 일을 많이 하고 성공했으니 내가 너를 좋아한다."

"네가 크게 성공하고 돈을 많이 벌었으니 내가 너를 좋아한다."

"네가 대학을 졸업하고 대기업에 다니니 내가 너를 좋아한다."

그렇지 않습니다. 하나님은 당신이 엄마 복중에 있을 때도 당신을 좋아하셨습니다. 하나님은 당신을 창세전부터 좋아하셨고 당신을 특별히 선택하셨습니다. "곧 창세전에 그리스도 안에서 우리를 택하사 우리로 사랑 안에서 그 앞에 거룩하고 흠이 없게 하시려고 그 기쁘신 뜻대로 우리를 예정하사 예수 그리스도로 말미암아 자기의 아들들이 되게 하셨으니 이는 그가 사랑하시는 자 안에서 우리에게 거저 주시는 바 그의 은혜의 영광을 찬송하게 하려는 것이라. 우리는 그리스도 안에서 그의 은혜의 풍성함을 따라 그의 피로 말미암아 속량 곧 죄 사함을 받았느니라."(엡 1:4~7)

하나님은 당신의 많은 행위를 사랑하시는 것이 아닙니다.

제발 율법주의 거짓 가르침을 내려놓으십시오. 개 같은 교사들의 가르침을 믿지 마십시오. 수고하고 무거운 짐을 내려놓고 자유를 누리십시오. 많은 일을 해야 한다는 염려와 근심을 하지 마십시오.

마르다는 많은 일로 염려하고 봉사하겠다는 마음으로 수고하고 무거운 짐을 스스로 졌습니다. 동생 마리아는 많은 일을 하지 않았습니다. 수고하고 무거운 짐을 내려놓았기 때문입니다. 어떻게요?

예수님의 말씀을 들음으로 복음을 알게 되었기 때문입니다.

복음에는 수고하고 무거운 짐이 없습니다. 복음이 온 우주에서 가장 영광스럽고 무겁기 때문입니다. 복음은 무겁지만 사람을 짓누르지는 않습니다. 복음은 짐처럼 짓누르는 무거움이 아닙니다. 복음의 무거움은 영광 곧 아름답고 빛나는 무거움입니다. 복음을 깨달은 사람은 존재 가치가 커지며 중심이 무거운 사람이 됩니다. 복음 안에 거하는 사람은 좌로나 우로나 치우치지 않습니다.

복음을 깨닫고 율법주의를 멀리하십시오. 율법은 노예 마인드, 하녀 마인드에 속해 있습니다. 그로 인해 인간의 피와 땀, 눈물 등 노동 가치를 가치 있게 여깁니다. 사람은 자신의 노력보다 하나님의 은혜로 더 부요하고 행복해집니다. 하나님의 공급을 믿으세요.

성경은 가난을 미덕으로 삼지 않았습니다. 성경에 나오는 수많은 인물들은 부요했고 많은 재물이 있었습니다. 예수님이 비유로 든 부자와 거지 나사로 이야기를 가지고 가난해야 천국에 들어간다고 가르치는 사람들이 많습니다.(눅 16:19~31) 그렇지 않습니다.

이 이야기의 의미는 가난한 자가 천국에 들어간다는 것이 아닙니다. 예수님을 믿고 영접하지 않으면 어떤 부자라도 천국에 들어갈 수 없다는 이야기입니다. 오직 믿음으로 구원을 얻습니다.

복음을 깨달으면 영혼과 마음, 삶이 모두 부요해집니다. 이웃을 위해 베풀려면 가진 것이 많아야 합니다. 같은 액수라도 아무것도 없는 중에 베풀려면 큰마음을 먹어야 합니다. 하지만 가진 것이 많다면 비교적 쉽게 베풀 수 있습니다. 우주의 재벌 총수이신 하나님께서 그분의 자녀인 당신에게 많은 복을 주실 것입니다. 당신은 모든 것에 모든 것이 넉넉하여 모든 착한 일을 하게 될 것입니다.

너무 애쓰지 말고 예수님께 예배하며 행복하게 사십시오.

당신은 존재만으로도 가치 있다는 사실을 기억하십시오.

나는 오늘도 노동 가치가 아닌 존재 가치를 따라 삽니다.

존재 가치에 대해 깨닫게 되면 삶이 즐거워집니다.

비참한 인생이 아닌 비옥한 인생을 살라

당신은 비참한 인생을 삽니까, 비옥한 인생을 삽니까?

나는 비참한 인생을 졸업하고 비옥한 인생을 살겠다고 마음먹었습니다. 예전의 나는 참으로 비참한 인생을 살았습니다. 내 인생에 큰 죄를 짓거나 큰 실패를 겪었다는 것은 아닙니다. 비옥한 인생에 대한 깨달음이 없으니 비참한 인생을 살 수밖에 없었던 것입니다.

내게 있어 비참하다는 것은 꿈과 행복이 없는 삶이었습니다.

나는 꿈이 없었고 죽은 사람이었습니다. 꿈이 없으니 삶의 의욕이 없고 끝없이 추락할 뿐입니다. 하루살이처럼 하루 먹고 하루 사는 인생을 살았습니다. 꿈이 없어서 삶에 의욕과 보람을 찾을 수 없었습니다. 꿈이 없으면 비참한 인생만이 기다리고 있을 뿐입니다.

꿈이 있다는 것은 시도할 만한 일이 있다는 뜻입니다. 내 인생을 걸 만한 것이 있고 삶에 의미가 있다는 뜻입니다.

시도하게 되면 성공과 실패가 반반으로 나뉩니다. 하지만 아예 시도할 일이 없는 사람 곧 꿈이 없는 사람은 성공할 일이 없고 실패할 일도 없습니다. 그저 아무것도 없는 무가치하고 무의미한 인생일 뿐입니다. 꿈이 없던 나는 삶의 의미도 없고 보람도 없었습니다.

시도하면 성공과 실패 말고도 얻는 게 있는데 바로 '경험'입니다.

시도하는 과정 속에서도 많은 경험을 얻습니다. 성공하면 성공한 경험을, 실패해도 실패한 경험을 얻습니다. 실패한 경험은 '시행착오'입니다. 시행착오가 있어야 다음에 시도할 때 성공할 확률이 높아집니다. 나는 시도한 것 자체를 성공이라고 생각합니다. 행동하는 것 자체가 성공인 것이지요. 시도했다는 것만으로도 성공의 문이 열리기도 합니다. 작은 실패는 큰 성공을 낳는 과정입니다.

부정적인 감정이 드는 이유는 잡생각이 많아서입니다. 잡생각을 하다 보면 가지가 뻗어 나가 부정적인 감정이 커지고 자꾸 염려하게 되는 것입니다. 하지만 꿈을 이루기 위해 정신없이 달려가다 보면 부정적인 감정이 개입하기 힘듭니다. 많은 사람이 꿈을 가지라고 동기부여를 합니다. 누군가는 이렇게 말할지도 모릅니다.

"꿈을 가지라고요? 가질 만한 꿈이 없는데 어떻게 가지란 말이에요? 당장 먹고 살기도 바쁜데 꿈은 무슨 얼어 죽을 놈의 꿈? 꿈을 가져 봤자 소용없어요. 가질 만한 꿈도 없고요."

꿈을 가지라고 억지로 등 떠밀어도 꿈이 없는 사람이 수두룩합니다. 그렇다면 어떻게 해야 꿈을 가질 수 있을까요?

나는 많은 고민을 했습니다. 나도 꿈이 없는 사람이었으니까요.

나는 작은 우울증을 앓은 적이 있습니다. 심하지 않아 다행이지만 삶에 회의를 느꼈습니다. 다 내팽개치고 아무것도 하기 싫었습니다.

꿈이 없으니 삶의 목표와 목적성도 없었고 악순환이 반복되었습니다. 심한 우울증을 앓는 사람의 심정을 이해할 수는 없습니다. 직접 겪어보지 못했으니까요. 하지만 적어도 꿈이 없는 사람의 무기력한 심정은 조금 이해할 수 있습니다. 사람마다 우울증을 극복하는 방법은 다양합니다. 또 꿈을 가지게 되는 계기도 다양합니다. 그중에 나는 '한 가지 일에 몰입하는 것'으로 우울증을 극복했습니다.

나는 아무것도 하는 게 싫어 1년 정도 침대에서 빈둥거리며 지냈습니다. 실제로 하루 종일 잠만 자본 적도 있고 소설과 만화, 영화와 드라마 등에 빠져 몇 날 며칠 밤새운 적도 많았습니다.

그렇게 1년을 지내면서 운동 부족으로 몸이 다 망가지고 정신적으로도 외로움과 우울증에 시달리게 되었습니다. 몸이 망가지니 정신도 망가지고 정신이 망가지니 몸을 관리할 능력이 없어졌습니다. 악순환의 반복이었습니다.

하루는 내 방에 있는 전신 거울을 통해 비춰지는 내 몸을 봤습니다. 거기에는 해골처럼 퀭한 얼굴을 가지고 비쩍 말라 다 죽어 가는 나 자신의 초라한 모습이 보였습니다. 그 당시 나는 180cm의 키에 60kg도 안 되는 몸무게를 가지고 있었습니다. 키에 비해 저체중이었습니다. 다행히 집에서 좋은 음식을 먹어서 그런지 몸에 큰 병이 생긴 적은 없습니다. 하지만 일 년 동안 하루 종일 침대에 빈둥거리며 있었더니 형편없는 몸이 되었습니다. 뼈도 약해져서 툭 건드리면 부러질 것만 같았습니다. 나는 내 몸을 보며 생각했습니다.

'이게 정말 나라고? 내 몸이 이렇게 말랐나? 뼈가 앙상하게 다 보일 정도로? 툭 치면 억하고 쓰러질 것만 같은 몸이네. 살도 없지만 근육도 없네. 참 볼품없다.'

나는 마른 멸치 같은 내 몸을 보며 경각심이 들었습니다. 나를 소중하게 여기지 않은 결과가 너무 안 좋았습니다. 그 순간 나는 자신을 소중히 여기고 관리해 보자는 생각을 했습니다. 자기 계발을 통해 나를 발전시켜 보자고 생각했습니다.

처음에는 몸이 약하니 정신도 약해져 있어서 하루 마음먹고 운동해도 의지박약으로 다음날이면 싫증을 느꼈습니다. 독하게 마음을 먹으려고 노력해 봤지만 작심삼일이었습니다. 그래도 포기하지 않고 천천히 한걸음씩 나아갔습니다. 오늘의 한걸음이 쌓이고 쌓여 더 나은 내일의 나를 만들 것이라는 생각을 했기 때문입니다.

약해진 체력을 증가시키기 위해 수영을 시작했습니다. 수영장이 걸어서 30분이 걸리는 적당한 거리에 있어서 왕복하며 조깅하기에도 좋았습니다. 처음에는 한 번에 50M 수영하는 것도 버거웠습니다. 한두 달이 지나자 돌아오는 것까지 합쳐 100M 거리 정도는 거뜬할 정도로 체력이 좋아졌습니다. 꾸준히 세 달을 다니니 100M 왕복으로 한 바퀴 돌아도 크게 힘들지 않게 되었습니다.

이후 약해진 근골을 단련하기 위해 웨이트 트레이닝을 시작했습니다. 처음 시작할 때는 가벼운 무게로 한 세트 하는 것도 힘들었습니다. 하지만 돈이 아까워서라도 꾸준히 나갔습니다. 시간이 지나니 무게를 점차 늘려 나가도 될 정도로 근골이 강해졌습니다.

나 자신을 관리하는 것에 재미가 붙은 것이 이때였습니다.

점점 발전하는 나 자신을 보면서 짜릿한 쾌감과 성취감을 느꼈습니다. 특히 외적인 자기 계발은 변화 과정이 직접 눈에 보여서 더욱 재미있었습니다. 그렇게 나를 가꾸고 관리하는 것에 빠지다 보니 우울해 하던 사람이 맞나 싶을 정도로 완전히 바뀌었습니다.

꿈이 없는 것은 그대로였습니다. 아직 꿈을 얻을 계기가 오지 않았을지도 모릅니다. 하지만 나는 한 가지 깨달은 바가 있습니다.

'당장 꿈이 없어도 괜찮을 지도 몰라. 사람은 무언가에 한 번 빠지면 거기에 몰두하느라 시간 가는 줄 모르니까. 꿈이 없다고 좌절하고 낙심하는 것보다 한 가지라도 몰두할 만한 일을 찾는 것도 중요해. 그렇다고 나쁜 쪽으로 빠지면 안 되겠지. 죄를 짓거나 술, 담배, 마약, 도박, 음행 등에 빠지지 않도록 나 자신을 관리해야 해.'

또 다른 깨달음으로는, 꿈이 있는 사람도 꿈을 좇기 위해 노력하면서 한두 가지 몰두할 만한 취미가 있어야 한다는 것입니다. 꿈만 좇으면 사람은 금방 지칩니다. 사람은 아직 다가오지 않은 불확실한 미래에 대해 극도로 긴장하고 불안해하기 때문입니다. 당신의 큰 꿈이 언제 이루어질지는 전지전능하신 하나님만이 아십니다.

꿈이 있건 없건 몰두할 만한 취미가 있다는 것이 얼마나 큰 축복인지 깨달아야 합니다. 꿈도 취미도 없는 사람은 일만 죽어라 하다가 과로로 죽을 수 있습니다. 일에도 적당한 휴식이 필요한 것처럼 인생에도 적당한 휴식을 위해 취미를 가져야 합니다. 그렇다고 취미를 위한 인생을 살면 안 되겠지요. 취미가 나를 위해 있는 것이지 내가 취미를 위해 있는 것이 아닙니다.

자기 관리는 결국 자기 계발과 뜻이 같은 동의어입니다.

자신을 가꾸는 일에 소홀하면 안 됩니다. 집착하라는 말은 아닙니다. 과유불급(過猶不及, 과한 것은 안하느니만 못하다)이라고 120% 완벽에 집착하는 것보다 80%정도 적정 수준에서 자신을 가꿔야 합니다. 자기 계발은 완벽해지려는 게 아닙니다. 나라는 사람의 정체성을 하나씩 발견하고 완성해 나가는 것입니다.

자신을 가꾸는 자기만의 기술이 있어야 합니다.

몸을 가꾸는 것에는 여러 가지가 있습니다. 그중에서 얼굴을 가꾸는 것은 화장, 머리를 가꾸는 것은 헤어 스타일링, 몸매를 가꾸는 것은 운동입니다. 남자는 머리발, 여자는 화장발이라는 말이 있습니다. 그만큼 헤어 스타일링과 메이크업은 중요합니다.

나는 얼굴도 관리가 필요한 줄 몰랐습니다. 머리만 잘 관리하면 되는 줄 알고 헤어 스타일링에만 관심을 뒀었는데 남자도 화장할 수 있다는 사실을 알고 얼굴을 관리하는 방법에 대해 알아보기 시작했습니다. 나는 눈썹을 다듬는 법과 자연스럽게 화장하는 법을 알아 가기 시작했습니다. 나는 진한 화장을 좋아하지 않기 때문에 최대한 자연스럽게, 옅게 하는 쪽으로 방향을 잡았습니다.

처음 화장을 시도할 때는 매우 어색했습니다. 최대한 자연스럽게 한다고 했는데도 실수가 많았고 실패를 거듭했습니다. 그래도 계속 다시 시도했고 결국 자연스러운 화장법을 터득하게 되었습니다.

몸을 가꾸는 것도 있지만 정신을 가꾸는 것도 있습니다. 즉 내적인 자기 계발입니다. 서로 상승작용을 이뤄야 합니다.

당신도 몸과 마음이 피폐해지는 악순환의 고리를 끊고 몸과 마음을 건강하게 만드는 선순환으로 전환하십시오.

조급하지 마십시오. 꿈이 없다고 조급할 필요 없습니다.

당신보다 더 큰 꿈이 있는 사람을 부러워하지도 마십시오.

성경에는 "나중 된 자가 먼저 되고 먼저 된 자가 나중 될 자가 많다"고 했습니다.(마 19:30) 이 말씀처럼 먼저 꿈을 가진 것처럼 보여도 그 꿈이 나중에 이루어질 수도 있고 나중에 꿈을 가진 사람이 먼저 자기 꿈을 이룰 수도 있습니다. 결과적으로는 모두 꿈을 이룬다는 것이지요. 조급하거나 불안해하지 말기 바랍니다.

당신의 꿈은 반드시 이루어질 것입니다.

조급하지 말고 감사하며 인내하라

당신은 모든 일에 조급하지 않습니까?

나는 모든 일에 조급하지 않고 감사하며 기다립니다.

크고 작은 모든 일은 성취하는 때가 있다는 걸 알기 때문입니다.

나는 가끔 과거를 회상합니다. 부정적인 것에 대해서는 한쪽으로 밀어 넣고 봉인해 두지만 하나님이 내게 주신 복을 세어 볼 때는 과거를 회상하며 감사합니다. 그 당시에는 힘들고 어려웠지만 지나고 보니 기적처럼 다 해결되고 채워졌다는 것을 알 수 있었습니다.

그런 경험을 통해 하나님이 나를 강하고 견고한 사람이 되도록 단련시키셨다는 것을 깨닫습니다. "모든 은혜의 하나님 곧 그리스도 안에서 너희를 부르사 자기의 영원한 영광에 들어가게 하신 이가 잠깐 고난을 당한 너희를 친히 온전하게 하시며 굳건하게 하시

며 강하게 하시며 터를 견고하게 하시리라."(벧전 5:10)

내가 아직 미련하고 약하기만 하던 때, 하나님은 나를 강하게 단련하셨고 또 인내하게 하셨습니다. 여러 가지 문제가 생길 때마다 나는 고민하고 생각했습니다. 그 당시에는 내 힘으로 무언가를 하려는 경향이 강했습니다. 하나님의 신적인 능력이 아닌 사람의 힘, 내 힘으로 뭔가를 하려고 했던 것입니다. 그래서 하나님은 더더욱 시련을 통해 인내하는 방법을 배우게 하셨습니다.

건물을 지으려면 지반이 안정되고 단단해야 합니다. 건물을 지을 때 가장 오래 걸리고 복잡한 것이 기반을 마련하고 초석을 잡는 일입니다. 그것이 잘 되면 순식간에 건물이 지어집니다.

사람도 마찬가지입니다. '하나님의 말씀과 은혜'로 마음을 단련시켜야 합니다. 하나님이 나를 단련시키셨듯이 당신도 단련을 하고 있는 중이거나 이미 단련이 되었을 수도 있습니다.

하나님은 어떤 문제를 통해 나를 단련시키기도 하고 또 기도하고 구한 것을 응답받는 과정을 통해 인내하는 방법을 알려주시기도 합니다. 나는 기도하고 구한 것을 받았다고 믿고 인내하며 기다렸습니다. 평소에 하던 일을 꾸준히 하면서 기도하고 구한 것을 받을 때까지 인내했습니다. 결국 기도하고 구한 것을 다 받았습니다.

많은 사람이 기도하고 구한 것이 당장에 이루어질 거라고 착각합니다. 원하는 것을 구할 때 당장에 이루어질 수도 있습니다. 하지만 대부분은 기다려야 합니다. 나는 많은 것을 구했고 많은 시간을 기다렸습니다. 그리고 결국에는 많은 것을 받았습니다.

처음에는 더딘 것처럼 느낄 때가 많습니다. 언제쯤이면 기도 응답 받을지 답답하기도 합니다. 하지만 기다리지 않고 성급하게 일을 추진하다 보면 오히려 내가 원했던 것을 못 받거나 안 좋은 것을 받을 수 있습니다. 그 예로 사울 왕이 급하다고 자기 멋대로 선지자가 오지 않았는데 제사를 지내고 전쟁에 나가서 크게 패한 사건이 있습니다. 사울 왕은 불순종해서 결국 왕위까지 잃었습니다.

씨앗을 심었으면 기다려야 합니다. 언제쯤 싹이 날까 하며 자꾸 확인한답시고 여러 번 땅을 파면 그 씨앗은 금방 죽습니다. 씨앗을 뿌렸으면 잊어야 알아서 잘 자랍니다. 하나님이 때에 따라 적절한 단비와 햇볕을 주십니다. "그가 밤낮 자고 깨고 하는 중에 씨가 나서 자라되 어떻게 그리 되는지를 알지 못하느니라."(막 4:27)

하나님이 일하실 때는 사람이 끼어들지 말아야 합니다. 그리고 열매를 따먹으려면 인내가 중요합니다. 열매가 열릴 때까지 기다려야 한다는 것입니다. 기다리지 않고 떼를 쓰거나 원망하고 불평하면 안 됩니다. 그러면 받을 것도 못 받고 있는 것도 빼앗깁니다.

조급하지 말고 오직 감사함으로 간구하십시오. 간구는 간절히 구한다는 말입니다. 조급한 마음을 버리고 간절한 마음으로 구하면 하나님은 최고의 것으로 응답하십니다.

당신은 구한 것을 다 받았습니다.

감사하면 감사할 일이 더 많이 생긴다

당신은 긍정적인 사람입니까?

당신에게 주어진 일상, 평범함은 어마어마한 기적이 모인 결과물입니다. 세상에는 다양한 사람이 있습니다. 그중에는 팔다리가 없거나 기형적으로 생긴 사람, 병으로 장기를 적출한 사람, 몸에 장애나 이상이 있는 사람 등이 있습니다. 그런데 사지가 멀쩡하다는 것이 얼마나 놀라운 기적입니까? 하나님께 감사해야 합니다.

나는 어떤 일이 있어도 감사하는 습관을 형성했습니다.

어떻게 그게 가능할까요? 현재는 허상이라는 것을 알기 때문입니다. 우리가 지금 보는 현실이 사실은 모두 허상이라는 것입니다. 지금 겪는 순간순간은 곧바로 과거가 됩니다. 그러니 현재가 아무리 힘겹고 고달파도 지나간 일이라는 뜻입니다.

이미 지나간 일을 어떻게 수정하겠습니까? 과거로 돌아갈 수 없으니 흘려보낼 뿐입니다. 나는 과거에 연연하지 않습니다. 이미 일은 벌어졌고 끝났기 때문입니다. 진행 중이라는 것도 결국 다 과거가 됩니다. 그러니 아무리 힘든 일이 진행 중이어도 상관이 없습니다. 다 지나가기 때문에 감사할 수 있습니다. 또한 어떤 안 좋은 일이어도 어떤 관점으로 보느냐에 따라 감사할 수 있습니다.

감사하면 좋은 일만 생깁니다. 좋은 일이 있을 때 감사하는 것은 누구나 할 수 있습니다. 항상 투덜거리고 부정적인 에너지를 뿜는 사람에게 좋은 일이 생기겠습니까? 나는 부정적인 사람을 만나면 상대를 안 합니다. 가끔 상대할 때는 딱 한마디만 합니다.

"먼저 감사하세요. 그러면 좋은 일만 생깁니다."

그럴 때 부정적인 사람은 이해하지 못한 표정을 짓습니다.

당연합니다. 이미 마음이 부정적으로 세팅이 되어 있기 때문에 긍정을 받아들이기 어려운 것입니다. 에너지는 서로 다른 것을 받아들일 수 없습니다. 긍정적인 사람이 부정 에너지를 받아들일 수 없고 부정적인 사람이 긍정 에너지를 받아들이기 힘듭니다.

같은 에너지끼리 있을 때 향상성이 있습니다. 나는 긍정적인 사람입니다. 그렇기 때문에 긍정적인 사람을 만납니다. 긍정적인 사람과 만나고 사귀면 긍정 에너지가 증폭됩니다. 내 몸의 그릇에 긍정 에너지가 넘치면 현실로 나타나게 되는데 그것이 좋은 일입니다.

부정적인 사람도 똑같습니다. 부정적인 사람은 부정적인 사람과 만나고 사귑니다. 그럴 때 부정 에너지가 증폭됩니다. 몸의 그릇에 부정 에너지가 넘쳐서 현실로 나타나면 나쁜 일이 발생하게 됩니다.

나는 좋은 일이 생겼을 때만 감사하는 것이 아닌 모든 일에 감사합니다. 현상과 상관없이 일단 감사부터 하면 좋은 일이 생긴다고 믿습니다. 내 인생의 전반에 그런 경험이 여러 번 있었습니다.

나는 나쁜 일, 부정적인 상황이 생겨도 감사합니다. 어떻게 그게 가능할까요? 모두 다 잘될 거라는 믿음이 있기 때문입니다. 또 이미 다 잘 되었다는 과거형, 현재 완료형으로 표현합니다. 순간순간의 현재는 곧바로 과거가 되기 때문입니다. 이미 다 잘되었다고 믿고 말하면 일시적으로 나쁜 일이 생겨도 걱정하지 않게 됩니다.

또한 나는 모든 일을 큰 꿈을 이루기 위한 과정으로 여깁니다.

과정으로 여기면 이것 또한 지나가는 일이라는 것을 알기에 쉽게 눈에 보이는 현상에 따라 감정이 요동치지 않습니다. 하지만 현재의 문제를 결과로 여기는 사람은 작은 일이 하나 끝날 때마다 그것이 인생의 끝이라 여기기 때문에 감정이 쉽게 요동칩니다.

내가 겪은 나쁜 일 중 하나는 교통사고를 당한 것입니다. 자전거를 타고 가던 중 차가 나를 들이받았습니다. 하지만 그 때 나는 불평하거나 부정적인 말을 하지 않았습니다. 오히려 "교통사고를 당했지만 크게 다치지 않았구나. 나는 참 운이 좋아. 고작 찰과상으로 다리 조금 긁힌 것으로 끝나서 얼마나 다행이야? 하나님, 저를 지켜주셔서 감사합니다"라며 긍정적인 말을 했습니다.

게다가 그때 이미 모든 게 다 잘 풀릴 거라는 믿음이 있었기 때문에 아무 걱정이 없었습니다. 교통사고가 났을 때 오히려 긍정적인 말을 하고 감사하니 일이 술술 풀렸습니다. 교통사고 당한 자전거는 완전히 망가졌기에 폐차했습니다. 하지만 보험금을 받고 여러 수입원을 통해 더 좋은 자전거를 사게 되었습니다. 그리고 그 경험을 가지고 책을 쓰게 되었으니 얼마나 감사합니까?

성공이라는 것도 마찬가지입니다. 많은 사람이 성공에 목매고 어떻게든 자기 힘으로 노력합니다. 하지만 실제로 성공한 사람은 자기 노력을 들인 게 아닙니다. 치하할 때나 고생했다며 노력을 치켜세우지만 사실은 간단하게, 손쉽게 성공한 사람이 많습니다. 오히려 자기 힘과 노력으로 하려고 해서 더 안 되는 것입니다.

성공의 끝은 책 쓰기입니다. 나는 책부터 써냈습니다. 책은 내 인생이 이미 성공했다는 마침표를 찍는 것입니다. 결과부터 만들면 과정은 따라옵니다. 모든 일이 잘 풀릴 거라는 믿음을 가지는 것과 같습니다. 모든 성공의 끝인 책을 써내는 것에서 성공했으니 다른 성공을 위해 내가 뭔가를 할 필요가 없게 됩니다. 모든 일이 잘 풀릴 거라는 믿음을 가진 사람은 일이 잘 풀리게 하기 위해 노력하거나 안간힘을 쓸 필요 없이 그저 일상을 즐길 뿐입니다.

나의 모든 꿈과 소원은 하나님의 은혜로 쉽게 이뤄집니다.

당신도 당신의 작은 노력과 힘을 내려놓으십시오.

나를 따라 이렇게 말해 보십시오.

"나는 행복해."

행복하다는 말을 하면 행복할 일만 생깁니다.

"모든 게 감사합니다."

감사하다는 말을 하면 감사할 일만 생깁니다.

"모든 일이 잘 풀릴 거야."

사실 "모든 일이 잘 풀릴 거야"라는 말은 미래형입니다. 아직 오지 않은 미래를 향한 말입니다. 그 미래는 언제 올지 아무도 모릅니다. 어쩌면 영원히 안 올 수도 있습니다. 그러니 말로 표현할 때는 과거형으로 바꿔야 합니다. "모든 일이 잘 풀렸어."

어떤 일을 시작할 때 잘 풀렸다고 말하면 다 잘 됩니다. 이미 다 잘 되었으니 걱정할 필요가 하나도 없습니다. 이미 다 잘 되었다는 믿음을 가지고 있으니 성령의 초자연적인 기름 부으심이 내가 머무는 땅에 나타나 저절로 다 잘 됩니다.

이렇게 좋은 깨달음을 얻어도 실천하지 않으면 말짱 도루묵입니다. 이 좋은 말들을 머릿속으로 되뇌기만 하지 말고 말로 표현하기 바랍니다. 왜 자꾸 말을 하라고 하냐고요? 말로 표현할 때 창조적인 에너지 파장이 형성됩니다. 그 파장이 물체에 닿으면 적용이 됩니다. 하지만 적용이 안 될 때가 있는데 그때는 더 큰 파장으로 되돌아옵니다. 그러니 부정적인 말을 해서 부정적인 파장을 만들기보다 긍정적인 말을 해서 긍정적인 파장을 만드는 게 좋습니다.

세상 모든 동물 중에 사람만 말할 수 있습니다. 울음소리와는 다릅니다. 짐승은 울음소리를 통해 의사소통을 합니다. 본능으로 어떤 뜻인지 파악하는 것입니다. 사람만이 말로 의사소통을 하는데 말에는 창조적이고 생산적인 에너지가 담겨 있습니다.

부정적인 말을 삼가십시오. 입이 하나인 이유는 한 가지 말만 하라는 뜻입니다. 부정적인 말보다 긍정적인 말만 해서 좋은 일만 만들라는 뜻입니다. 만약 당신이 힘든 일, 부정적인 일만 생긴다면 자신이 지금 어떤 말을 뱉고 있는지 파악해야 합니다. 힘들고 부정적인 일은 부정적인 말을 뱉어서 생긴 일입니다.

긍정적인 사람에게도 부정적인 일이 생길 수 있습니다. 그것은 걸림돌이 아닌 디딤돌로 여겨야 합니다. 그 일을 통해 한 단계 성장하라는 하나님의 선물입니다. 도약을 위한 준비 자세라고 생각하면 편합니다. 긍정적인 사람은 부정적인 일도 잘 풀린다는 믿음을 가지고 있습니다. 그렇기 때문에 이 일을 통해 더 높은 곳으로 도약한다는 믿음을 가지고 있어서 걱정할 필요가 없습니다.

긍정적인 사람이 되십시오. 긍정적인 마인드와 말, 행동을 가지십시오. 모든 것에 감사할 때 감사할 일만 생깁니다. 모든 일은 작고 사소한 것, 반복되는 일상, 평범한 것을 모두 포함합니다.

당신의 모든 일이 저절로 다 잘 됩니다.

행복은 당신 안에 강물처럼 가득히 있다

당신은 행복한 사람입니까?

나는 행복한 사람입니다. 어떻게 행복하냐고요? 아주 쉽습니다. 나는 밖에서 행복을 찾거나 바라지 않았습니다. 나는 내게 주어진 것을 감사히 여겼습니다. 한 사람이 내게 행복하냐고 물었습니다.

"김추수 작가님은 행복합니까?"

"네, 행복합니다."

"정말요? 어떻게 행복하나요?"

"저는 그냥 행복합니다. 사람들은 행복을 밖에서 찾고 행복에 목말라 합니다. 그리고 없는 것을 놓고 불평합니다. 저는 반대로 행복을 제 안에서 찾습니다. 그리고 있는 것, 주어진 것에 감사합니다."

실제로 사람이 태어나면 아무것도 없이 태어납니다. 알몸으로 세상에 첫 발을 뗍니다. 그런데 자라면서 환경의 영향을 받고 더 큰 부를 추구하면서 없는 것을 놓고 불평하니까 불행해지는 것입니다.

사람은 태어날 때부터 아무것도 가진 게 없습니다. 가지고 태어난 것은 몸과 재능뿐입니다. 그 외에는 모두 환경과 상황이 만들어 낸 환상입니다. 그것을 인정하게 되면 행복이 찾아옵니다. 이것은 아주 중요합니다. 어떤 것도 내가 스스로 가진 것이 아닙니다.

태어날 때 몸 하나만 가지고 태어나는 것처럼 죽을 때도 세상에 있는 어떤 것도 가져갈 수 없습니다. 어떤 대단한 성공을 거두고 아무리 큰돈을 벌고 많은 사람에게 존경받는다 할지라도 죽으면 아무것도 가져갈 것이 없고 그저 죽음뿐이라는 것입니다.

죽으면 안식을 누릴 뿐입니다. 그렇다면 빈곤하게 살면서 아무것도 누리지 말아야 할까요? 아무것도 없이 태어나서 어떤 것도 가져가지 못하고 죽지만 우리가 할 수 있는 일이 하나 있습니다. 그것은 내가 세상에 왔다는 흔적을 남기는 것입니다. "호랑이는 죽어서 가죽을 남기고 사람은 죽어서 이름을 남긴다"는 속담이 있습니다.

사람은 죽어서 그리스도 안에서 하나님과 동행했던 자신의 이름과 이야기를 남겨야 합니다. 세계 역사가 지금까지 이어져 내려오는 것처럼 당신의 이야기가 담긴 역사를 세상에 남겨야 합니다.

인생을 살면서 행복한 삶을 사는 비결은 아주 간단합니다.

방금 말했듯, 태어날 때부터 가진 것 없었고 지금도 내가 스스로 가진 것이 아니라는 것을 인정하는 것입니다. 그리고 가지지 못한 것에 불평하는 것을 멈추고 가진 것에 감사하는 사고방식을 가져야 합니다. 그렇다면 지금까지 가진 것을 누가 줬을까요?

바로 만물을 창조하신 하나님이십니다. "하나님은 만민에게 생명과 호흡과 만물을 친히 주시는 이심이라."(행 17:25)

예전에는 진화론이 각광받고 신이 없다고 말하는 사람이 있었지만 과학이 발달하면 할수록 세상이 절대자에 의해 창조되었다는 사실이 드러나고 있습니다. 그분이 바로 창조주 하나님이십니다.

하나님은 세상을 창조하시고 사람도 창조하셨습니다. 사람에게 생기를 불어넣고 무엇을 시켰을까요? 그저 창조한 세상을 누리라고 하셨습니다. 거기에는 사람의 행위나 율법이 없었습니다. 아담이 하나님에 의해 창조되었을 때 세상에 있는 것을 누리기 위해 40일 금식을 했답니까? 아니면 고행하거나 도를 닦았답니까? 아닙니다. 그저 에덴동산에서 과일을 따먹고 동물에게 이름을 지었습니다.

많은 사람들이 행복을 추구하며 온갖 행위를 집어넣습니다.

'이렇게 하면 행복해지겠지, 저렇게 하면 행복해지겠지'라며 자신의 행위를 내세웁니다. 행복을 얻기 위해 많은 행위를 해야 한다는 강박에 잡혀 있는 것입니다. 당신은 자꾸 뭔가 하려고 하지 말고 마인드부터 바꾸십시오. 그리고 말로 표현하십시오.

"나는 행복한 사람이야."

성경에 예수님이 므나 비유, 달란트 비유를 하고 나서 하신 말씀이 있습니다. "무릇 있는 자는 받아 풍족하게 되고 없는 자는 그 있는 것까지 빼앗기리라."(마 25:29) 나는 이 구절을 여러 가지에 적용합니다. 그 중에 행복과 감사가 있습니다. 이 원리는 물질의 복만 아니라 행복과 감사에 대해서도 동일하게 적용됩니다.

"무릇 감사하는 자는 감사할 일만 생기고 불평하는 사람은 감사할 일도 빼앗기리라."

"무릇 행복하다고 말하는 사람은 행복한 삶을 살 것이고 불행하다고 말하는 사람은 행복한 일도 빼앗기리라."

세상에는 에너지가 있는데 그 에너지는 같은 것끼리 증폭시키려는 성질이 있습니다. 인생의 원리도 같습니다. 감사하면 감사할 일만 생깁니다. 행복하다고 말하면 행복할 일만 생깁니다.

나는 부정적인 사람을 싫어합니다. 왜냐고요? 말만 섞어도 부정적인 기운이 전염되기 때문입니다. 부정적인 말을 하나하나 다 상대할 필요는 없습니다. 나는 부정적인 말을 들어도 한 귀로 흘려버립니다. 그러면 그 기운도 내게 전염되지 않고 통과합니다.

행복하게 사는 비결은 아주 간단합니다. 나는 사람들에게 항상 긍정적인 사람이 되라고 말합니다. 나는 책을 써도 긍정적인 말을 씁니다. 실제 사례를 쓸 때도 많지만 종종 행복한 미래를 상상하며 이미 그렇게 되었다는 믿음으로 책을 씁니다. 그러면 실제로 상상한 미래가 현실이 되는 것을 목격합니다. 믿기지 않는다고요? 괜찮습니다. 사람마다 보이는 세상이 다릅니다. 아는 만큼 보이고 인식하는 만큼 성장하고 깨닫는 만큼 발전하는 게 인생입니다.

내가 사는 세상은 행복으로 물들어 있기 때문에, 당신이 나를 만나 10분이라도 이야기를 나누면 그 긍정적인 기운이 전염됩니다.

나는 부정적인 사람을 만나면 내가 주도적으로 말을 합니다. 부정적인 사람이 주도하게 두면 나까지 부정적인 기운으로 물들기 때문입니다. 만약 당신이 부정적인 사람이라면 어떻게 해야 할까요?

이미 살아오면서 오랜 기간 동안 부정적이었던 사람이 바뀌려면 힘이 많이 듭니다. 여러 방법 중 하나는 스스로 바뀌고자 마음먹어야 한다는 것입니다. 다시 태어난다는 마음가짐으로 노력하는 것입니다. 노력을 다른 말로 하면 '안 되는 것을 되게 하려는 사람의 힘'입니다. 애쓰는 것이지요. 그래서 노력하려면 고되고 힘듭니다.

노력하지 않고 쉽게 변하려면 부정적인 생각, 관념, 사고방식을 없애야 합니다. 한 번에 몽땅 없애기는 어렵습니다.

부정적인 마음을 천천히 녹인다고 생각하면 쉽습니다.

"어떻게 부정적인 것을 녹일 수 있나요?"

첫째, 당신이 부정적인 삶을 바꾸고 싶다면 긍정적인 사람을 한명 사귀어서 그 사람이 어떤 생각을 가지고 있는지 어떤 사고방식으로 살아가는지 유심히 지켜보십시오. 그리고 그것을 자신에게 하나하나 적용시켜 나가십시오. 이것이 타산지석(他山之石)입니다.

행복은 멀리 있지 않고 가까이 있습니다. "또 여기 있다 저기 있다고도 못하리니 하나님의 나라는 너희 안에 있느니라."(눅 17:21)

하나님의 나라를 다른 말로 하면 '천국'입니다. 세상 사람들은 천국을 단순히 행복한 세상이라고 생각합니다. 맞습니다. 죽어서 가는 행복한 안식의 나라입니다. 그런데 예수님은 그 행복이 우리 안에 있다고 하셨습니다. 천국이 우리 안에 있다는 것입니다.

예수님이 십자가에 못 박혀 죽으신 후에 성령이 임했습니다.

예수를 믿는 하나님의 자녀 각 사람에게 성령님이 동행하시는 것입니다. 성령님이 각 사람 안에 있는 것처럼 행복도 각 사람 안에 있습니다. 자꾸 밖에서 찾으려고 하니까 어디에도 행복이 없다고 생각하고 좌절하는 것입니다. "등잔 밑이 어둡다"는 말과 같습니다.

천국 복음을 깨닫기만 하면 행복한 삶을 살 수 있습니다.

당신은 이미 행복한 사람이기 때문입니다. 그것을 몰랐기 때문에 불행하다고 생각하는 것입니다. 어떤 것을 듣고 보고 생각하고 말하느냐에 따라 행복해질 수도 있고 불행해질 수도 있습니다. 긍정적인 것을 듣고 보고 생각하고 말하면 긍정적이 되지만 부정적인 것을 듣고 보고 생각하고 말하면 부정적이 됩니다. 선택하십시오.

둘째, 당신은 이미 행복한 사람입니다. 그 사실을 겸허히 받아들이십시오. 당신은 태어날 때 아무것도 가지지 못했습니다. 몸만 가지고 태어난 당신은 많은 것을 받았습니다. 아무것도 없이 태어난 당신에게 하나님은 많은 것을 주셨습니다. 나는 이렇게 아름다운 세상을 창조하시고 많은 복을 주신 하나님께 감사드립니다.

나의 하나님께 마음속으로나 입술로나 감사를 표현합니다.

"나의 하나님, 김추수의 하나님. 이렇게 아름다운 세상을 창조하셔서 제게 누리게 하시니 참으로 감사합니다. 하나님이 저를 사랑하신다는 것을 알게 된 것만으로도 저는 행복합니다."

하나님은 우리가 태어나기 전부터 우리를 사랑하셨고 우리를 위해 세상을 창조하셨습니다. 그분은 아담이 죄지을 것을 다 알고 계셨습니다. 그러나 가만히 지켜보셨습니다. 전지전능하신 하나님이 아담이 선악과를 따먹을 것을 정말 몰랐을까요? 그리고 아담이 하나님께 불순종한 죄를 짓기 전부터 한 의를 예비하셨습니다.

이 모든 것이 하나님의 계획이었다는 말입니다. 그 계획은 우리가 세상에 태어나 행복한 삶을 살게 하기 위함이었고 사람과 하나님 사이에 막힌 큰 벽을 허물기 위함이었습니다. 한 사람 한 사람과 친밀하게 교제하고 싶은 하나님의 사랑이었습니다. 사랑 없이는 단 하나도 할 수 없는 것을 하나님은 사랑으로 다 하셨습니다. 하나님의 독생자 예수님을 십자가에 매다는 것까지 감수하셨습니다.

내 자녀가 아무 죄 없이 누명을 뒤집어쓰고 십자가에 못 박혀야 한다면 마음이 찢어지고 이루 말할 수 없는 슬픔에 잠길 것입니다.

하나님의 마음도 고통이 상당했습니다.

그분은 죄 없는 하나님의 어린양 예수를 우리의 죄를 사하기 위한 제물로 삼았습니다. 죄가 없는데 누구에게 죄를 물어야 합니까?

십자가에 매달려 죽으시는 그 순간은 세상의 법칙이 하나 깨지는 순간이었습니다. 사람과 하나님 사이에 벽이 허물어진 것입니다. 이전에는 죄를 사해 달라며 동물을 자기 대신 제물로 바쳐야 했습니다. 하지만 예수님이 제물로 바쳐진 후 그런 것이 필요 없어졌습니다. 그분이 영원한 한 제물이 되셨기 때문입니다. "제사장마다 매일 서서 섬기며 자주 같은 제사를 드리되 이 제사는 언제나 죄를 없게 하지 못하거니와 오직 그리스도는 죄를 위하여 한 영원한 제사를 드리시고 하나님 우편에 앉으사 그 후에 자기 원수들을 자기 발등상이 되게 하실 때까지 기다리시나니 그가 거룩하게 된 자들을 한 번의 제사로 영원히 온전하게 하셨느니라."(히 10:11~14)

당신은 예수를 믿음으로 죄가 없어졌습니다. 알고 지은 죄, 모르고 지은 죄 상관없이 모든 죄를 사함 받았습니다. 더 이상 죄를 사해 달라고 제물을 바칠 필요가 없다는 말입니다. 이제는 죄 사함을 받은 의인으로 살아가며 죄를 짓지 않는 것이 중요합니다.

죄를 짓지 않는 방법은 한 가지이며 아주 쉽습니다. 이렇게 말씀드리면 됩니다. "성령님, 오늘도 거룩한 삶을 살게 해주세요."

창조주 하나님이 우리를 너무나도 사랑하셔서 이런 거대한 계획을 세우셨습니다. 하나님의 사랑 속에 우리는 행복한 사람입니다.

이미 행복한 사람이라는 사실을 깨달으면 당신도 행복한 삶을 살수 있습니다. 이 사실을 믿고 받아들이십시오. 어떤 일에도 불평하거나 부정적인 말은 하지 마십시오. 감사하면 감사할 일만 생기고 행복하면 행복한 일만 생기게 됩니다. 당신을 축복합니다.

당신은 이미 행복한 사람입니다.

자신의 감정에 충실하고 그것을 표현하라

당신은 많은 일에 참고만 있지 않습니까?

나는 많은 일에 참고 견뎠습니다. 여러 가지 일에 여러 가지 이유로 참았습니다. 그리고 인내심을 가지고 견뎠습니다. 하지만 그로 인해 내 마음이 굉장히 힘들었습니다. 그것이 긍정적이든 부정적이든 꾹 눌러 참고 혼자 감당하려고 했던 것입니다.

내 마음의 크기보다 작은 것은 혼자 감당할 수 있습니다. 하지만 그보다 큰 것은 혼자 감당하기 힘듭니다. 그런데도 그걸 꾹 참고 묵묵히 견딘 것입니다. 내 마음에 짐이 가득했습니다. 어깨가 축 처지고 피곤한 얼굴을 하고 있었습니다. 실제로 혼자 감당하려니 걱정근심이 끊이지 않아 몸도 마음도 제대로 쉬지 못해 피곤했습니다.

내가 많은 경우 참았던 이유는 이렇습니다.

첫째, 관계가 깨질 것이 두려워했기 때문입니다.

얕은 관계에서는 참지 않고 한 번 폭발하면 관계가 깨집니다. 하지만 그런 관계는 어차피 필요도 없지 않겠습니까? 여러 번 참았다가 폭발하는 경우도 마찬가지입니다. 그렇게 쉽게 관계가 끊어질 것이었다면 사실 그 관계는 진작 끊었어야 했던 것입니다.

하지만 나는 그런 얕은 관계도 깨지는 것이 두려웠습니다.

내게 인간관계에 대한 결핍이 있었던 것입니다.

"내가 화내고 참지 않으면 소중한 관계가 깨질 거야."

사실 화내고 참지 않았다고 깨지는 관계는 소중한 관계가 아닙니다. 그럼에도 불구하고 관계를 소중히 여기고 그런 얕은 관계에서조차 나를 희생했습니다. 참는 것만이 답이라고 생각했습니다.

둘째, '화내서 뭐해'라고 생각했기 때문입니다.

누군가 나를 건드렸다고 화내면 어리석은 줄 알았습니다. 내 감정을 제대로 다스리지 못한다고 여긴 것입니다. 사실, 분노의 감정은 내 자존감이 높아서 내 존재 가치를 무시하는 것에 대해 당당히 맞서는 본능이었다는 것을 몰랐던 것입니다. 자신이 소중하기에 남이 함부로 대하는 것을 참지 않고 왕처럼 분노를 표출한 것입니다.

나는 이제 "왕처럼 화내라. 그래도 괜찮다"고 말합니다.

자존감이 높은 사람은 자기감정에도 충실합니다. 왜냐고요? 그 감정 또한 내 일부분임을 알기 때문입니다. 자존감이라는 단어가 자기 존재 가치이고 자신을 사랑하는 마음이라는 뜻입니다. 감정도 자신의 일부분입니다. 자신을 사랑하는 사람, 자기 존재 가치가 높은 사람은 자기감정에도 충실합니다. 웃고 싶을 때 웃고, 기쁠 때 기뻐하고, 화날 때 화내고, 슬플 때 우는 감정에 충실합니다.

그렇다고 감정에 마구 휩쓸리지는 않습니다. 기쁜데 기뻐하지 못하고 행복한데 행복해 하지 못하는 사람이 많습니다. 반대로 울고 싶을 때 울지 못하고 화가 나는데 무작정 참는 사람도 있습니다.

부정적인 감정을 다스리는 것은 좋지만 그렇다고 참기만 하면 안 됩니다. '다스리다'와 '참다'를 혼동하지 마십시오. 감정에 매몰되지 말고 감정을 활용하십시오. 자신의 감정을 적절히 표현하십시오.

성령님이 "이제 그만, 멈춰라"고 하시면 멈추십시오.

부정적인 감정에 대해 무작정 참다 보면 짐처럼 쌓이고 쌓여 마음에 병이 듭니다. 곪다 못해 썩는 것입니다. 그러면 치료하기 어렵고 나중에 그게 터지면 회복되는데 긴 시간이 필요해집니다.

셋째, 감정을 표현하는 방법을 몰랐기 때문입니다.

감정을 표현하는 방법도 자꾸 해봐야 배웁니다. 오랫동안 자신의 감정을 제대로 표현하지 못한 사람은 감정을 표현하는 신경세포가 잠자고 있습니다. 그래서 그 사람이 무슨 생각을 하는지, 어떤 감정을 가지고 있는지 주위 사람이 알 수 없어 답답해합니다.

나는 감정을 잘 다스립니다. 하지만 감정 표현에는 서툴렀습니다. 특히 긍정적인 감정은 많이 표현해 봤지만 부정적인 감정은 그렇지 않아 서툴렀습니다. 울고 싶은데 눈물이 안 나오거나 화는 나지만 어떻게 화를 내는지 몰라 어물쩍 넘어간 적이 많았습니다.

누군가는 "울지 마라. 눈물을 보이면 안 된다. 나약해 보인다"고 말할지 모릅니다. 하지만 자기감정에 충실하지 못하는 것이 더 불쌍하다는 것을 알아야 합니다. 자신을 모르는 것이기 때문입니다.

자신을 알아야 합니다. 소크라테스는 "너 자신을 알라"고 했습니다. 왜 자신에 대해 알아야 할까요? 행복해지기 위해서입니다.

내가 누구인지, 나는 무엇을 좋아하고 어떤 꿈이 있는지, 나에 대해서 자세히 아는 사람이 몇이나 될까요? 남에 대해서만 연구하고 자신을 모르는 사람들이 많습니다. 행복해지려면 먼저 자신이 원하는 것과 필요로 하는 것, 그리고 '나'라는 사람에 대해 알아야 합니다. 행복은 밖에서 찾아오는 게 아닌 안에서 나오기 때문입니다.

처음엔 감정 표현이 서툴러도 괜찮습니다. 이제껏 못해 봤다면 지금이라도 시작하면 됩니다. 처음 한두 번이 어렵지 몇 번 하다 보면 익숙해집니다. 자제하고 다스리며 감정을 잘 표현해 보십시오.

내가 지금 느끼는 감정을 표현할 줄 안다는 것은 큰 복입니다.

웃고 싶을 때 웃어 보십시오.

울고 싶을 때 울어 보십시오.

화날 때 화내 보십시오.

기쁠 때 기뻐해 보십시오.

넷째, '나만 참으면 이 상황이 원만하게 넘어가겠지'라는 생각을 하기 때문입니다. 누군가 나를 짜증나게 하거나 화나게 했을 때 나만 참고 웃으며 넘어가면 당장에는 원만하고 편해 보입니다. 하지만 그 참은 것은 언젠가 결국 터지기 마련입니다. 곪다 못해 썩어서 고름처럼 터져 나오게 되면 악한 감정에 휩쓸릴 수 있습니다.

감정 조절을 못하는 상태에서 터지면 감정의 골이 생길 수 있습니다. 물론 감정 조절이 어렵다면 일단 참을 필요가 있지만 그렇지 않고 일단 상황을 모면하기 위해 참는 것은 하지 말아야 합니다.

당장은 편할지 몰라도 결국은 곪기 때문입니다.

나는 감정 조절을 잘합니다. 그래서 어떤 상황을 모면하기 위해, 분위기가 싸해질 것이 두려워서, 참고 넘어간 적이 많았습니다. 그렇게 혼자 꿍하고 담아 두다가 곪은 적이 한두 번이 아니었습니다. 나는 이러다 마음이 병들겠다는 생각에 특단의 조치를 내렸습니다.

"과거는 이미 지나갔으니 어쩔 수 없다. 하지만 지금부터는 내 감정을 속에 담아 두지 않겠다. 화가 나는데도 원만하게 넘기려고 꾹 참지 않겠다. 분위기가 나빠지든 말든 내 감정을 표현하겠다. 그러지 않으면 내 마음이 병들 것 같다. 내 감정은 나 자신이다."

이런 결단을 했다고 해서 당장 나아지는 것은 없었습니다.

왜냐하면 감정 표현에 서툴렀기 때문입니다. 그래도 시도했습니다. 긍정적인 감정은 많이 해봐서 쉬웠지만 부정적인 감정 표현이 어려웠습니다. 처음에는 부정적인 감정에 대해서 조금만 표현했습니다. 화났다, 슬프다, 짜증난다는 표현을 반 이하로 절제해서 드러냈습니다. 그렇게 한두 번 해보고 나니 한결 편해졌습니다.

익숙해질 무렵에는 감정을 좀 더 담아서 표현했습니다. 반 이하로 담았던 것을 반만 담고, 반만 담던 감정을 좀 더 담고, 결국에는 내가 원하는 만큼의 감정을 잘 담아서 표현하게 되었습니다.

나처럼 감정 표현에 서투르다 해도 괜찮습니다. 당신도 충분히 할 수 있습니다. 처음 한두 번의 생소함만 견디고 시도해 보면 충분히 잘 할 수 있습니다. 못한다고 포기하지 말고 계속 시도하십시오.

금방 잘하지 못해도 조금씩 익숙해지면 됩니다.

참고만 살지 마십시오. 나는 참고만 살아서 감정 표현 신경세포가 많이 잠자고 있었습니다. 그렇지만 좌절하거나 낙담하지 않았습니다. 바뀔 수 있다는 것을 알았기 때문입니다. 당신도 나처럼 바뀔 수 있습니다. 감정이 잠자고 있던 사람이 다시 살아날 수 있습니다.

서툴러도 포기하지 말고 끝까지 해보기 바랍니다. 나처럼 감정을 잘 다스리며 적절하게 표현하는 자존감이 높은 사람이 되기 바랍니다. 감정 표현은 당신의 인생을 훨씬 풍요롭게 합니다.

당신은 감정이 풍부한 사람입니다.

큰 뜻을 정하고 꿈과 소원 목록을 적어라

당신은 인생 목표가 있습니까?

나는 다양한 목표를 가지고 있습니다.

목표는 크기에 따라 몇 가지 다른 표현이 있습니다. 그것은 곧 '뜻꿈소' 세 가지인데 '뜻과 꿈과 소원'입니다. 이 중에 가장 큰 것은 '뜻'입니다. 그 다음은 '꿈'이고 작은 것들은 '소원'입니다.

소원은 일상에서 가질 수 있는 작은 것들이기 때문에 일일이 다 나열하기 힘듭니다. 꿈은 쉽게 이룰 수 없는 아주 큰 목표입니다.

내가 가진 큰 꿈은 책 100권 출간, 아파트 100채, 빌딩 100채, 주택 100채 보유, 세계 일주 등입니다. 이런 것들은 쉽사리 이루기 힘듭니다. 하나님이 기적적으로 하루 만에 이루어 주실 수도 있겠지만 그렇게 쉽게 이루면 아무 감흥 없이 허무할 뿐입니다.

뜻은 인생 전체의 목표입니다. 삶의 의미이기도 하지요.

뜻의 사전적인 의미는 '무엇을 하겠다고 속으로 먹는 마음, 말이나 글 또는 어떠한 행동 따위로 나타내는 속내, 어떠한 일이나 행동이 지니는 가치나 중요성' 등입니다. 자기 인생에 있어 평생에 걸쳐 어떤 일을 이루겠다고 속으로 크게 결단하는 것이지요.

사람마다 일생을 바쳐 이루고자 하는 큰 뜻이 있습니다.

이미 큰 뜻을 정한 사람은 작은 목표를 향해 달려 나가고 있을 것입니다. 하지만 많은 사람들이 그 뜻을 정하지 못하고 있습니다.

작은 목표들은 큰 뜻을 이루기 위한 하나의 과정일 뿐입니다.

나도 예전에는 큰 뜻이 없이 여러 가지 작은 꿈과 소원만 설정해서 달려가고 있었습니다. 그런 나를 보고 한 사람이 말했습니다.

"김추수 작가님은 참 대단하시네요. 작가님은 다른 사람을 행복하게 해주려고 책을 쓰고 강연하고 코치하는 것 같아요. 제가 작가님의 책을 읽으면서 느낀 건데 작가님은 다른 사람을 높이고 용기를 불어넣고 행복하게 해주려고 노력하는 사람이에요."

나도 내가 그런 뜻으로 책을 쓰고 강연하고 코치한다고 어렴풋이 알고는 있었지만 그저 막연히 나를 필요로 하는 사람들에게 조금이라도 도움 되기만 바랄 뿐이었습니다. 그렇게 무의식적으로 품고 있던 내 뜻을 꿰뚫는 말을 하는 것을 듣고 큰 충격을 받았습니다.

나는 그분에게 감사하다는 생각을 했고 용기를 얻었습니다.

지금은 그것이 내 인생의 가장 큰 목표가 되었습니다.

큰 뜻을 발견하려면 어떻게 해야 할까요? 나처럼 누군가 알려줄 수도 있겠지만 스스로 파악하는 것이 가장 좋습니다. 그러기 위해서는 내가 어떤 사람인지 나에 대해 탐구해야 합니다.

구체적인 방법은 자기 계발에 있습니다.

첫째, 나를 알려면 혼자만의 시간에 사색해야 합니다.

자기 계발이란 외국어 습득이나 자격증 공부를 하는 것이 아닙니다. 생각하고 사유하며 나를 알아 가는 것입니다. 나는 매일 꾸준히 혼자만의 시간을 가졌고 그 시간에 생각하며 나 자신을 조금씩 알아 갔습니다. 나를 알아 가며 점점 더 성장하고 발전했습니다.

둘째, 나를 이루고 있는 것에 대해 자세히 알아야 합니다.

당신은 자신의 내면에 대해 얼마나 자세히 압니까? 나의 내면에는 취향, 성향, 경향, 지향점, 지양점, 성격, 성질, 속성, 성품, 특성, 특징, 사고방식, 논리, 기준, 가치관, 신념, 이념, 관념, 견해, 관점, 사상, 이성, 본성, 본능, 습관, 버릇, 개성 등 수많은 것들이 있습니다. 이렇게 나를 알아 가다 보면 내가 추구하는 것과 나의 본질에 점점 도달하게 되고 결국 내 인생관이 선명하게 정립됩니다.

손자병법에서 '지피지기면 백전불태'(知彼知己百戰不殆, 상대를 알고 나를 알면 백 번 싸워도 위태롭지 않다)라고 했습니다.

나 자신부터 알아야 합니다. 나를 제대로 알지 못한 채 다른 것을 많이 아는 것은 오히려 해가 될 수 있습니다. 남을 돌보기 전에 자신부터 먼저 돌봐야 합니다. 안타깝게도 많은 사람들이 자신을 모른 채 다른 사람을 험담하고 판단하고 비판하기에 바쁩니다.

셋째, 내 안에 있는 것들을 끄집어내야 합니다.

생각을 끄집어내면 하나씩 정리할 수 있습니다.

내 삶과 깨달음을 정리해서 내 것으로 만들어야 합니다.

내가 책을 쓰는 이유 중에 하나는 내 안에 있는 깨달음들을 꺼내고 정리해서 내 것으로 만들려는 것입니다. 내가 강연하고 코치하는 이유도 같습니다. 또한 나는 책과 강연을 통해 나를 알게 되는 모든 사람이 잘되길 바랍니다. 당신도 이런 목표를 가지십시오.

자신이 잘 인식하지 못할 뿐 누구나 나름대로의 큰 뜻을 품고 있습니다. 나 또한 무의식적으로 큰 뜻을 향해 나아가고 있었습니다. 그 뜻을 인식한 지금은 더 선명하게 미래를 그리고 있습니다.

많은 사람들이 자신에 대해 알지 못한 채 다른 사람에게 더 많은 관심을 둡니다. 먼저 자신을 파악하십시오. 다른 사람 신경 쓰지 말고 당신의 인생을 걸고 이루고자 하는 원대한 목표를 설정하십시오.

혼자만의 시간을 가지고 생각하며 자신을 알아 가야 합니다.

자신에게 어떤 장단점이 있는지 모르고 다른 곳에만 자꾸 한 눈 팔면 안 됩니다. 온전한 나 자신을 찾아 나가십시오.

인생은 다른 사람의 것이 아닌 당신의 것입니다.

당신은 삶의 의미, 인생의 뜻을 찾았습니다.

당신은 큰 뜻을 품은 사람입니다.

당신에게 주어진 것을 증가시켜라

당신은 많이 남깁니까?

어떤 사람에겐 생소한 질문일 수 있습니다.

"무엇을 많이 남기나요? 왜 남겨야 하나요?"

당신에게 주어진 모든 것을 종류별로 많이 남겨야 합니다.

왜 남겨야 할까요? 하나님이 당신에게 재능을 씨앗으로 주셨기 때문입니다. 씨앗은 자라서 큰 나무가 되고 수확해야 합니다.

예수님이 비유를 들어 말씀하셨습니다. "들을 귀 있는 자는 들으라. 또 이르시되 너희가 무엇을 듣는가 스스로 삼가라. 너희의 헤아리는 그 헤아림으로 너희가 헤아림을 받을 것이며, 더 받으리니, 있는 자는 받을 것이요 없는 자는 그 있는 것까지도 빼앗기리라. 또 이르시되 하나님의 나라는 사람이 씨를 땅에 뿌림과 같으니 그가 밤낮 자고 깨고 하는 중에 씨가 나서 자라되 어떻게 그리 되는지를 알지 못하느니라. 땅이 스스로 열매를 맺되 처음에는 싹이요 다음에는 이삭이요 그 다음에는 이삭에 충실한 곡식이라. 열매가 익으면 곧 낫을 대나니 이는 추수 때가 이르렀음이라."(막 4:23~29)

나는 내게 주어진 것을 다 쓰기 바빴습니다. 돈이 생기면 그 돈을 하나도 남김없이 다 썼고 시간도 그랬습니다. 내게 주어진 것을 하나도 남김없이 다 쓰니 내 손에 남는 것이 하나도 없게 되었습니다.

물건이 생기면 그 물건도 아끼지 않고 다 사용했습니다. 어떤 것은 잘 관리하지 못해 금방 망가졌습니다. 그래도 괜찮다고요?

"괜찮아요. 하나님이 또 채워 주실 거예요. 하나님이 누르고 흔들어 넘치도록 채워 준다고 하셨잖아요. 그러니 다 써도 괜찮아요."

나도 예전에는 그런 줄 알았습니다. 써도 하나님이 다시 채워 주시는 것은 맞지만 그렇다고 제대로 관리하지 않고 흥청망청 다 써도 된다는 뜻은 아닙니다. 나는 하나님께 받은 선물들을 남김없이 사용했습니다. 그 종류는 다양했습니다. 시간과 돈, 지혜와 지식, 물건 등 하나님이 내게 주신 것들을 남기는 법이 없었습니다. 게다가 재능은 사용하지 않고 썩혔습니다. 청개구리였던 것이죠.

남기지 않으면 매번 부족함을 느끼게 됩니다.

그러면 마음에 여유가 없어지고 허탈해집니다.

다시 채워 넣으려 해도 이미 다 쓰고 없으니 안 됩니다.

하나님은 누르고 흔들어 넘치도록 채워 주신다고 하셨습니다.

하지만 그 복을 받는 사람이 제대로 관리하지 않고 다 써 버린다면 결국 남는 것은 하나도 없고 늘 부족함에 쫓길 것입니다.

우리는 어떤 것을 많이 남겨야 할까요?

첫째, 팔 수 있는 물건을 많이 남겨야 합니다.

성경을 보면 하나님은 그분의 백성에게 복을 쌓을 곳이 없도록 부어 주신다고 하셨습니다. 하지만 그 복을 관리하는 것은 사람입니다. 성경에 나오는 수많은 인물들이 하나님께 복을 받았고 그 복을 잘 관리해서 많이 남겼습니다. 야곱과 요셉도 그랬습니다.

야곱은 외삼촌 라반의 집에서 라헬을 위해 7년, 레아를 위해 7년, 총 14년간 일했습니다. 야곱은 둘째인 라헬을 사랑했고 그녀와 결혼하고 싶어 7년간 일했습니다. 하지만 라반은 복덩이 야곱을 계속 묶어 두려고 꾀를 부려 첫째인 레아를 아내로 맞이하게 했고 다시 7년을 일하고 나서야 라헬을 아내로 맞이할 수 있게 했습니다.

야곱은 라헬을 사랑하는 마음에 '7년을 하루같이' 여겼습니다. (창 29:20, 30) 그 후 야곱에게 "고향으로 돌아가라"는 하나님의 음성이 들려 왔고 순종하려고 결심했지만 빈손이었습니다. 야곱은 하나님께 복을 구했습니다. 그리고 다시 일하기로 하고 라반과 임금을 협상해 아롱진 양, 점 있는 양, 검은 양을 삯으로 받았습니다.

그날부터 야곱은 받은 삯을 곳간에 담으며 소중히 여겼습니다.

야곱은 하나님께 지혜를 구했습니다. 하나님은 야곱의 기도에 응답하셔서 '곳간을 만들고 관리하는 지혜'를 주셨고 야곱은 아롱진 양, 점 있는 양, 검은 양이 태어나면 자신의 곳간에 넣었습니다.

라반은 처음부터 그런 양들을 못 낳게 하려고 꾀를 부렸습니다. 자기 아들을 시켜 그런 양들을 미리 사흘 길쯤 멀리 떨어뜨려 놓았던 것입니다. 하지만 하나님이 초자연적인 기적을 베풀어 주셔서 튼튼하고 건강한 '아점검 양'을 많이 낳게 되었습니다.

야곱은 혹시 라반이 또 꾀를 부릴까 봐 자신의 양과 라반의 양을 철저히 구별했습니다. 시간이 지나자 양들이 서로 교배해서 또 다른 양을 낳았습니다. 재산이 점점 불어난 것이지요. 야곱은 일부 양들을 다른 가축으로 교환하며 6년 만에 두 떼를 이룬 거부가 되었습니다. 야곱은 남긴 것을 그냥 사용하지 않고 팔았습니다. 돈으로 바꾸기도 하고 물물교환으로 무역하며 재산을 크게 불렸습니다.

야곱의 아들 요셉도 많이 남겼습니다. 그는 7년 대풍년 때 수확한 곡식의 오분의 일을 곳간에 저장했습니다. 이어서 7년 대흉년이 왔을 때 저축한 곡식을 공짜로 나눠주지 않고 조금씩 내다 팔았습니다. 기근이 들어 굶는 백성에게 구휼미를 풀어도 시원찮을 텐데 팔았다고 하니 의아하겠지만 이것이 '관리와 경영의 법칙'입니다.

사람들은 공짜를 좋아합니다. 하지만 막상 공짜로 주면 가치를 모르고 인정하지 않습니다. 당장 목숨이 경각에 달해도 공짜로 나눠주면 그 순간만 감사할 뿐 금세 잊고 또 원망하며 구걸합니다.

요셉은 그런 속성을 알고 곡식이 심히 많아 세기를 그칠 정도였어도 결코 공짜로 나눠주지 않고 조금씩 내다 팔았습니다.

"온 지면에 기근이 있으매 요셉이 모든 창고를 열고 애굽 백성에게 '팔새' 애굽 땅에 기근이 심하며."(창 41:56)

당신은 요셉처럼 저축하고 팔며 무역해야 합니다.

요셉이 수확한 곡식의 오분의 일을 저축한 것처럼 거둔 것을 곳간에 저축하며 미래를 준비해야 합니다. 풍년에 많이 거두었다고 기분 내며 주위 사람들에게 마구 퍼 주면 금방 바닥을 드러냅니다.

인생에는 풍년의 때만 있는 것이 아닙니다. 흉년의 때도 옵니다. 저축하며 준비한 사람에게는 흉년의 때가 오히려 기회입니다.

요셉은 흉년이 들어 곡식이 없다고 아우성인 백성에게 곡식을 내다 팔았습니다. 값을 받았습니다. 돈, 가축, 노동력, 토지, 소출 등과 곡식을 교환해 주었습니다. 그로 인해 애굽은 당시 가장 큰 부국이 되었습니다. "부자는 흉년 때 난다"는 말이 딱 들어맞았습니다.

당신도 이처럼 팔 만한 물건을 곳간에 많이 남겨 둬야 합니다.

다윗, 솔로몬, 욥 등 구약에 많은 복을 받은 사람들이 있습니다. 그들은 국가적인 무역을 하므로 더 많이 남겼습니다.

다윗은 환난 중에 금 10만 달란트를 모았습니다. 금 10만 달란트를 현재 돈으로 환산하면 약 200조 원입니다. 사울 왕에게 쫓겨 힘들고 죽을 고비를 넘길 때도 부요 믿음으로 저축해서 200조 원을 모았던 것입니다. 물론 그 중에는 전리품도 많았습니다.

솔로몬은 다윗의 아들로 왕위를 물려받았습니다. "솔로몬 왕의 재산과 지혜가 세상의 어느 왕보다 컸다"고 성경에 기록되어 있습니다.(대하 9:22) 그는 많은 책을 읽었고 또 많이 저술했습니다.

욥도 그렇습니다. 욥은 당대에 완전한 자였습니다. 욥은 가장 큰 부자이며 가장 훌륭한 사람이었습니다.(욥 1:1~3) 이때 완전하다는 말은 '완전히 하나님만 바라보고 믿었다'는 뜻입니다. 율법적으로 완벽한 사람은 세상에 한 명도 없습니다. 율법은 모든 것을 하나도 빠짐없이 다 지켜야 하며 하나라도 어기면 다 무너집니다. 율법은 결함이나 흠이 없어야 하기 때문입니다. 하지만 완전함은 그저 믿음으로 가능합니다. 욥은 하나님을 완전히 믿은 사람이었습니다.

사탄이 하나님과의 내기로 욥을 시험했지만 그는 하나님을 저버리지 않고 경외했습니다. 결국 시험 당하며 떨어져 나간 재물, 친구, 가족을 하나님이 이전보다 갑절이나 주셨습니다.(욥 42:10)

이외에도 많은 인물이 있지만 다 나열하려면 지면이 부족합니다.

물질에 대해 많이 남겨야 하지만 다른 모든 것도 동일합니다.

인생은 단거리 경주가 아닌 장거리 경주이기 때문입니다.

둘째, 내 삶의 이야기와 깨달음을 책으로 많이 남겨야 합니다.

누구나 빈손으로 왔다가 빈손으로 가는 것이 인생입니다.

그러나 한 가지는 분명히 남길 수 있는데 곧 '내 삶의 발자취를 책에 담아 후손에게 물려주는 것'입니다. 당신이 살면서 얻은 깨달음 곧 지혜를 최대한 많이 남기십시오. 당신의 이야기는 당신만의 고유한 것이며 유일무이합니다. 후손이 당신의 책을 읽고 한 가지라도 깨달음을 얻으면 100년의 시간을 번 것과 같습니다.

내일 당장 죽는다 해도 오늘 한 줄, 한 장의 깨달음을 남길 수 있습니다. 기왕이면 미리 준비해서 한 권의 책을 남기면 어떨까요?

당신이 젊고 살아야 할 날이 아직 30년, 60년, 100년 남았다면 더 많이 남길 수 있을 것입니다. 오늘부터 책을 쓰기 시작하십시오.

당신에게 남아 있는 시간을 활용해서 책을 많이 쓰십시오.

돈을 다 쓰지 말고 수입의 십분의 일이나 오분의 일 정도를 꾸준히 '선저축'하십시오. 당신이 열심히 일하고 돈을 버는 이유가 무엇입니까? 시간적 자유를 얻기 위해서가 아닙니까? 미래를 위한 돈이 많이 있어야 미래에 시간적으로도 여유로운 삶을 살 수 있습니다.

돈을 하나도 남기지 않고 다 쓰면 항상 부족할 것입니다.

건강도 중요합니다. 사람마다 하루에 쓸 수 있는 에너지의 총량이 정해져 있습니다. 그것을 다 쓰면 방전되어 쓰러집니다. 에너지를 다 쓰고 녹초가 되는 것보다 비축하고 남기는 게 좋습니다. 그래야 하루 종일 활기차게 보낼 수 있고 독서와 저술도 할 수 있습니다.

건강을 관리하십시오. 건강해야 오래 살 수 있습니다. 오래 살아야 당신의 이야기와 깨달음을 담은 책도 많이 남길 수 있습니다.

절대로 병들어 아프게 살면 안 됩니다. 사고를 만나 일찍 죽어도 안 됩니다. 건강하게 장수하는 것이 하나님의 뜻입니다. 건강하고 풍요로우며 삶의 이야기와 깨달음을 많이 남기는 지혜로운 사람이 되십시오. 당신은 분명히 그렇게 살게 될 것입니다.

당신을 억만 번이나 축복합니다.

내게는 범접하기 어려운 아우라가 있다

당신은 존재 가치가 높은 품위 있는 사람입니까?

품위(dignity)는 '사람이 갖추어야 할 위엄이나 기품, 고상하고 격이 높은 인상, 인격적인 가치, 존엄성과 자존감 등'을 말합니다.

품위 있는 사람은 그 품격에 맞는 독특한 기운을 풍깁니다. 이것을 아우라(aura)라고 하며, 이는 범접하기 어려운 분위기입니다. 사람들이 나를 보고 "범접할 수 없는 아우라가 있다"고 말합니다.

사실 나도 원래는 천박한 사람이었는데 '하나님의 나라와 및 예수 그리스도의 이름'에 관해 알고 품위 있는 사람이 되었습니다. 당신도 이 두 가지를 알고 가지면 말할 수 없이 행복해지고 신비한 아우라를 풍기게 됩니다. 이 땅에서 천국의 기쁨을 누리게 됩니다.

하나님의 나라는 무엇일까요? 먹고 마시는 것이 아닙니다.

오직 성령 안에서 의와 평강과 희락입니다. 성령님을 통해 내 안에 하나님의 의가 가득하고 하나님의 평강이 가득하고 하나님의 기쁨이 가득하기 때문에 나는 품위 있는 사람이 되었습니다.

예전에 나는 가벼운 사람이었습니다. 하지만 지금은 무거운 하나님의 영광의 구름이 내 안에 가득하고 또 나를 덮고 있기 때문에 나는 무게 있는 사람이 되었습니다. 세상에서 가장 무거운 것은 하나님의 영광입니다. 하나님의 영광이 가득한 사람은 품위가 생깁니다.

어떤 이는 "모든 사람이 죄를 범하였으매 하나님의 영광에 이르지 못한다고 했잖아요?"라고 반박할 것입니다. 그렇습니다. 그리스도 밖에 있는 모든 사람은 죄인이므로 하나님의 영광에 이르지 못합니다. 하지만 그리스도 안에 있는 모든 사람은 의인이기 때문에 하나님의 영광을 다시 회복했고 하나님의 영광이 그 사람 속에 가득하고 그 사람을 덮고 있는 것입니다. 당신은 의인입니다.

당신도 전에 그리스도 밖에 있을 때는 '명백한 죄인'이었습니다. 하지만 지금은 그리스도 안에 있기 때문에 '명백한 의인'이 되었습니다. 그러므로 당신은 존귀한 사람, 품위 있는 사람이 되었습니다.

당신과 나를 명백한 죄인에서 명백한 의인으로 바꾼 것은 바로 '예수 그리스도의 이름'입니다. 예수 그리스도의 이름에는 모든 것이 담겨 있습니다. 예수님이 우리 대신 죄와 목마름, 병과 가난, 어리석음과 징계와 죽음을 다 짊어지고 십자가에서 피와 물을 쏟으며 죽으셨고 사흘 만에 부활하셨습니다. 그리고 예수 그리스도의 이름을 믿는 모든 사람에게 의와 성령 충만, 건강과 부요, 지혜와 평화와 생명을 선물로 주셨습니다. 예수 이름 안에 이 모든 은혜가 담겨 있습니다. 예수 이름을 가진 사람은 다 가진 사람입니다.

예수 이름을 가진 사람은 존재만으로도 억만금보다 귀합니다. 그 사람 때문에 그가 머무는 땅에 초자연적인 풍요의 기름 부으심이 나타나게 됩니다. 그로 인해 주변의 모든 사람이 복을 받게 됩니다.

예수 이름은 가장 존귀하고 품위 있는 이름입니다.

"이러므로 하나님이 그를 지극히 높여 '모든 이름 위에 뛰어난 이름'을 주사 하늘에 있는 자들과 땅에 있는 자들과 땅 아래에 있는 자들로 모든 무릎을 예수의 이름에 꿇게 하시고 모든 입으로 예수 그리스도를 주라 시인하여 하나님 아버지께 영광을 돌리게 하셨느니라."(빌 2:9~11)

예수 그리스도의 이름이 내 존재를 가치 있게 바꾸었습니다.

당신도 내가 가진 것처럼 하나님 나라와 및 예수 그리스도의 이름을 소유하게 되면 존재 가치가 넘치는 사람이 될 것입니다.

빌립은 사도나 목사가 아닌 집사였지만 예수 이름 때문에 가치가 높은 품위 있는 사람이 되었고 그에게서 나타나는 기름 부으심을 통해 큰 능력을 행하며 많은 영혼을 전도했습니다. "빌립이 사마리아 성에 내려가 그리스도를 백성에게 전파하니 무리가 빌립의 말도 듣고 행하는 표적도 보고 한마음으로 그가 하는 말을 따르더라. 많은 사람에게 붙었던 더러운 귀신들이 크게 소리를 지르며 나가고 또 많은 중풍병자와 못 걷는 사람이 나으니 그 성에 큰 기쁨이 있더라. 빌립이 하나님 나라와 및 예수 그리스도의 이름에 관하여 전도함을 그들이 믿고 남녀가 다 세례를 받으니……."(행 8:5~8, 12)

당신도 빌립처럼 하나님 나라와 및 예수 그리스도의 이름을 알고 전하십시오. 당신을 통해 수많은 사람이 복을 받을 것입니다.

예수 이름을 믿는 당신은 존재만으로도 가치 있는 사람입니다.

당신을 억만 번이나 축복합니다.

나는 연단을 통해 품위 있는 사람이 되었다

당신은 고난을 겪은 적이 있습니까?

고난은 '살면서 겪는 괴롭고 힘든 일'을 의미합니다.

나는 그동안 여러 가지 고난을 겪었습니다. 그 당시에는 너무 힘들었고 그 고난을 어떻게 헤쳐 나가야 할지 몰라 당황했습니다.

그러나 시간이 흐르고 그런 고난의 과정을 거치면서 내가 조금씩 더 품위 있는 사람이 되어 가고 있다는 것을 깨닫게 되었습니다.

어제보다 오늘 나는 조금 더 품위 있는 사람이 되었습니다.

고난이 다가오면 많은 사람들이 힘들다며 탄식합니다.

"하나님, 왜 나만 이런 고난을 겪나요?"

사실 그들만 겪는 고난이 아닙니다. 신실하다고 하는 많은 사람들이 고난을 겪습니다. 그렇다면 왜 고난을 허락하시는 걸까요?

그 이유는 고난을 통해 품위 있는 사람을 만들기 위해서입니다.

N. 토마제오는 고난에 대해 이런 말을 했습니다.

"고난으로 교육받지 않는 인간은 언제까지나 어린애와 같다."

그렇습니다. 고난을 통해 성장하고 성숙하는 것입니다.

성숙한다는 것은 '품위 있는 사람이 된다'는 뜻입니다.

판단, 비판, 정죄, 심판하는 사람이 되지 마라

당신은 남을 함부로 판단, 비판, 정죄, 심판하지 않습니까?

하나님은 그동안 내게 많은 고난을 허락하시므로 나를 품위 있는 사람으로 만들어 가셨습니다. 고난을 받기 전에는 조금만 성공해도 내가 잘난 줄 알고 까불었고 남을 함부로 비판하고 판단했습니다.

지금은 다른 사람을 판단하거나 비판하거나 정죄거나 심판하지 않습니다. 물론 이것은 내 힘으로 되지 않기 때문에 나는 매일 아침에 눈을 뜨면 성령님께 이렇게 말씀드리며 도움을 구합니다.

"성령님, 오늘도 사람들을 함부로 판단하거나 비판하거나 정죄하거나 심판하지 않게 해주세요. 저를 도와주세요. 부탁합니다."

예수님은 제자들에게 말씀하셨습니다.

"남을 판단하지 마라. 비판하지 마라. 정죄하지 마라. 심판하지 마라. 그래야 너도 그런 일을 당하지 않게 된다. 항상 겸손하라."

물론 당신이 남을 욕하지 않았는데 욕을 먹는 경우도 있습니다.

그것을 박해라고 합니다. 당신이 착한 일을 했는데도 사람들은 당신을 싫어하고 판단하고 비판하고 정죄하고 심판하는 것입니다. 그런 모든 박해는 하나님이 허락하신 것이므로 받아들여야 합니다. 그런 연단을 통해 하나님은 당신을 하나님의 자녀답게, 품위 있는 사람으로 만드시는 것입니다. 연단이란 말의 뜻은 '품위'입니다.

"우리가 환난 중에도 즐거워하나니 이는 환난은 인내를, 인내는 연단을, 연단은 소망을 이루는 줄 앎이로다. 소망이 우리를 부끄럽게 하지 아니함은 우리에게 주신 성령으로 말미암아 하나님의 사랑이 우리 마음에 부은 바 됨이니……."(롬 5:3~5)

"환난은 인내를, 인내는 연단을 이룬다"고 했습니다. 이것은 '환난은 인내를 이루고 인내는 품위를 이룬다'는 뜻입니다. 하나님은 당신이 환난을 만났을 때 인내 곧 참고 견디게 하시며 그런 과정을 통해 '품위 있는 사람'이 되게 하십니다. 환난은 대장간에서 쇠뭉치나 금 덩어리를 두드리는 망치와 같습니다. 아무리 좋은 루비나 다이아몬드도 원석을 깨뜨리며 다듬어야 가치 있는 보석이 됩니다.

욥은 자신이 받는 엄청난 고난의 과정과 결과에 대해 이렇게 말했습니다. "그러나 내가 가는 길을 그가 아시나니 그가 나를 단련하신 후에는 내가 순금 같이 되어 나오리라."(욥기 23:10)

고난을 당했을 때 자신도 모르게 끝도 없이 입을 열어 하나님과 변론하던 욥이 마지막에는 품위 있는 사람이 되었습니다.

"내가 주께 대하여 귀로 듣기만 하였사오나 이제는 눈으로 주를 뵈옵나이다. 그러므로 내가 스스로 거두어들이고 티끌과 재 가운데에서 회개하나이다."(욥 42:5~6)

연단을 통해 품위 있는 사람이 되면 더 이상 자아가 들고 일어나 하나님을 향해 떠들지 않고 잠잠히 눈으로 주를 바라보게 됩니다.

품위 있는 사람은 가장 가까운 친구들이 들고 일어나 공격해도 입을 다물고 오히려 티끌과 재 가운데서 회개하게 됩니다.

품위 있는 사람은 교만하지 않고 모든 일에 겸손합니다.

"사랑은 오래 참고 사랑은 온유하며 시기하지 아니하며 사랑은 자랑하지 아니하며 교만하지 아니하며…….".(고전 13:4)

사랑의 속성은 많지만 한 마디로 말하면 '품위'입니다.

품위 있는 사람은 오래 참습니다. 온유합니다. 시기하지 않습니다. 자랑하지 않습니다. 교만하지 않습니다.

교만해지면 모든 것이 중단된다

당신은 마음이 교만해지지 않았습니까?

지식은 사람을 교만하게 만듭니다. 사람이 하나둘씩 뭔가 새로운 것을 알기 시작하면 그것이 전부인 줄 알고 교만해지기 시작합니다.

"지식은 교만하게 하며 사랑은 덕을 세우나니…….".(고전 8:1)

아담과 하와가 선악을 알게 하는 나무 열매를 따먹고 타락했습니다. 제발 지식이 생겼다고 교만 떨지 말고 지혜를 구하십시오. 지혜는 자신을 낮추고 다른 사람의 말에 귀를 기울이는 것입니다.

지식은 자기를 높이고 떠받들며 가르치려 들지만 지혜는 남을 존중하며 묻는 것입니다. 우리는 성령님께 도움을 구해야 합니다.

"성령님, 오늘도 남을 존중하며 묻게 해주세요."

상대방이 묻지도 않았는데 교만한 마음으로 입을 열어 남을 가르치려 들면 자신의 소중한 정보만 새 나갈 뿐이고 정보가 새 나가면 상대방의 종이 됩니다. 나는 사람들이 물을 때만 설명해 줍니다.

하나님도 묻지 않는 자에게는 말씀하지 않으십니다.

교만한 사람은 귀가 닫혀 있고 묻지 않습니다.

교만한 얼굴을 하지 말고 겸손한 얼굴을 하라

교만한 사람들의 특징과 결말을 아십니까?

교만하면 떠들기만 하고 듣는 귀가 닫힙니다. 그러면 더 이상 하나님의 음성이 안 들립니다. "너희는 들을지어다. 귀를 기울일지어다. 교만하지 말지어다. 여호와께서 말씀하셨음이라."(렘 13:15)

교만하면 정직하지 못하고 자신이 다 아는 것처럼 행동하며 자꾸 거짓을 말하게 됩니다. "보라, 그의 마음은 교만하며 그 속에서 정직하지 못하나 의인은 그의 믿음으로 말미암아 살리라."(합 2:4)

교만하면 남을 비방하고 부모를 거역하게 됩니다. "사람들이 자기를 사랑하며 돈을 사랑하며 자랑하며 교만하며 비방하며 부모를 거역하며 감사하지 아니하며 거룩하지 아니하며……."(딤후 3:2)

교만하면 자기 분수를 모르고 자신이 하지 못할 큰일과 감당하지 못할 놀라운 일을 하려고 힘쓰게 됩니다. "여호와여, 내 마음이 교만하지 아니하고 내 눈이 오만하지 아니하오며 내가 큰일과 감당하지 못할 놀라운 일을 하려고 힘쓰지 아니하나이다."(시 131:1)

교만하면 그동안 받은 은혜를 망각하고 진노를 받게 됩니다. "히스기야가 마음이 교만하여 그 받은 은혜를 보답하지 아니하므로 진노가 그와 유다와 예루살렘에 내리게 되었더니……."(대하 32:25)

교만하면 자꾸 남과 비교하며 자랑하게 됩니다. 다른 사람보다키가 조금 크다고, 또는 뭔가 조금 더 잘하는 일이 있다고 교만을 떨며 자랑하는 것을 하나님이 싫어하십니다. "이는 물 가에 있는 모든 나무는 키가 크다고 교만하지 못하게 하며……."(겔 31:14)

교만하면 자기 뿔을 높이 들고 교만한 목으로 말하게 됩니다. "너희 뿔을 높이 들지 말며 교만한 목으로 말하지 말지어다."(시 75:5)

교만하면 하나님께 버림받습니다. 하나님은 겸손한 자는 은혜를 주시고 그를 높이시지만 교만한 자는 싫어하시고 그를 대적하시고 낮추십니다. "무릇 마음이 교만한 자를 여호와께서 미워하시나니 피차 손을 잡을지라도 벌을 면하지 못하리라."(잠 16:5)

교만하면 그동안 하던 일을 멈추게 됩니다. "심히 교만한 말을 다시 하지 말 것이며 오만한 말을 너희의 입에서 내지 말지어다. 여호와는 지식의 하나님이시라. 행동을 달아 보시느니라. 용사의 활은 꺾이고……."(삼상 2:3~4)

교만하면 자꾸 이웃을 은근히 헐뜯게 되는데 하나님이 그를 멸하십니다. "자기의 이웃을 은근히 헐뜯는 자를 내가 멸할 것이요 눈이 높고 마음이 교만한 자를 내가 용납하지 아니하리로다."(시 101:5)

교만과 겸손은 그 얼굴에 드러납니다. 교만하지 말고 겸손하십시오. "이스라엘의 교만은 그 얼굴에 드러났다."(호 7:10)

겸손한 마음으로 여호와를 존중하면 재물과 영광과 생명을 보상으로 받습니다. 항상 자신을 낮추고 겸손하십시오. "겸손과 여호와를 경외함의 보상은 재물과 영광과 생명이니라."(잠 22:4)

나는 그동안 교만해져서 하나님의 사역에서 버림받는 사람을 종종 보았습니다. 교만해지면 자기가 잘나서 성공했다고 착각에 빠지게 되고 그동안 함께했던 하나님의 교회와 하나님의 종에게서 떠납니다. 그 결과 즉시 사역의 기름 부음이 멈추게 됩니다.

항상 겸손하십시오. 어떻게 하면 겸손할 수 있을까요?

어떤 새로운 일이나 궁금한 것이 있으면 혼자 추측하지 말고 항상 하나님과 하나님의 종에게 물으십시오. 그러면 하나님은 성경을 깨닫게 하시거나 세미한 음성으로 말씀해 주시고 주의 종들은 친절하게 하나씩 설명해 줄 것입니다. 나는 성령님께 도움을 구합니다.

"성령님, 오늘도 존중하며 묻게 해주세요."

저항 세력의 크기가 존재 가치의 크기다

당신에게는 어떤 저항 세력이 있습니까?

내게도 나를 박해하는 크고 작은 저항 세력들이 있습니다.

마귀가 당신을 표적으로 삼고 당신을 강하게 대적한다면 그것은 당신의 존재 가치가 그만큼 크기 때문입니다. 존재 가치가 없는 사람에게는 마귀와 귀신들이 공격하지 않습니다. 그들은 말합니다.

"저 놈은 지옥에 아무 영향을 못 끼치는 사람이야. 가만 둬."

마귀와 귀신들이 거세게 당신을 공격한다면 이유가 있습니다.

당신의 존재와 사역 가치가 그만큼 크고 막강하기 때문입니다.

그리고 하나님은 그 모든 저항 세력을 통해 당신을 품위 있는 사람으로 만드십니다. 모든 것을 합력하여 선을 이루시는 것입니다. "우리가 알거니와 하나님을 사랑하는 자 곧 그의 뜻대로 부르심을 입은 자들에게는 모든 것이 합력하여 선을 이루느니라."(롬 8:28)

고난과 박해를 통해 당신은 더욱 품위 있는 사람이 됩니다.

"누가 능히 하나님께서 택하신 자들을 고발하리요? 의롭다 하신 이는 하나님이시니 누가 정죄하리요? 죽으실 뿐 아니라 다시 살아나신 이는 그리스도 예수시니 그는 하나님 우편에 계신 자요 우리를 위하여 간구하시는 자시니라. 누가 우리를 그리스도의 사랑에서 끊으리요? 환난이나 곤고나 박해나 기근이나 적신이나 위험이나 칼이랴? 기록된바 우리가 종일 주를 위하여 죽임을 당하게 되며 도살 당할 양 같이 여김을 받았나이다 함과 같으니라. 그러나 이 모든 일에 우리를 사랑하시는 이로 말미암아 우리가 넉넉히 이기느니라. 내가 확신하노니 사망이나 생명이나 천사들이나 권세자들이나 현재 일이나 장래 일이나 능력이나 높음이나 깊음이나 다른 어떤 피조물이라도 우리를 우리 주 그리스도 예수 안에 있는 하나님의 사랑에서 끊을 수 없으리라."(롬 8:33~39)

마더 테레사는 "고통은 성장의 법칙이요 우리의 인격은 이러한 고통의 폭풍우와 긴장 속에서 만들어진다"고 했습니다.

그리스도인은 저항 세력들의 비판과 판단, 정죄와 심판, 박해를 통해 자신의 가치가 바닥에 떨어지는 것이 아니라 오히려 진정한 가치가 드러나게 되는 것입니다. 저항 세력의 크기에 따라 당신의 '존재 가치와 사역 가치'가 얼마나 큰지를 알게 됩니다.

존재 가치가 큰 사람은 그냥 가만히 있기만 해도 사람들이 이유 없이 싫어하고 비난합니다. 당신의 '존재 자체'가 싫은 것입니다.

그래도 당신은 그 곳에 존재해야 합니다.

그래도 당신은 그 일을 계속해야 합니다.

왜일까요? 당신에게 주어진 '소명과 사명' 때문입니다.

하나님이 당신을 그 곳에 있도록 부르셨기 때문입니다.

하나님이 당신을 그 일을 하도록 부르셨기 때문입니다.

어떤 고난이 있더라도 당신의 자리에서 당신의 일을 하십시오.

당신은 사람의 종이 아닌 하나님의 종이기 때문입니다.

예수님을 사랑하고 예수님을 전하라

우리는 예수님을 사랑하고 예수님을 전해야 합니다.

사도 바울은 자신의 소명과 사명에 대해 이렇게 말했습니다.

"내가 달려갈 길과 주 예수께 받은 사명 곧 하나님의 은혜의 복음을 증언하는 일을 마치려 함에는 나의 생명조차 조금도 귀한 것으

로 여기지 아니하노라."(행 20:24)

첫째, 바울의 달려갈 길은 '이방인의 사도'였습니다. 그는 베드로와는 전혀 다른 길을 가야 했습니다. 사람마다 달려갈 길이 다릅니다. 다른 사람처럼 되려고 하지 말고 당신의 길을 달려가십시오.

둘째, 바울의 사명은 '하나님의 은혜의 복음을 증언하는 일'이었습니다. 이것은 모든 그리스도인에게 주어진 목숨을 걸고 감당해야 할 사명입니다. 다른 잡다한 내용이 아닌 하나님의 은혜의 복음을 증언해야 합니다. 복음은 '하나님의 복음'입니다. 사람들이 자기 머리에서 지어낸 온갖 철학과 사상은 복음이 아닙니다.

하나님의 복음만이 진짜 복음입니다. 하나님의 복음이란 '하나님 자신이 복음'이라는 뜻입니다. 인간은 억만 금을 준다 해도 하나님을 먼지만큼이라도 사서 소유할 수 없습니다. 하나님은 천지 만물을 창조하신 창조주이시기 때문입니다. 피조물이 어떻게 창조주를 자신이 가진 은금으로 살 수 있겠습니까? 하지만 하나님은 사랑이시므로 자신의 존재를 거저 강물처럼, 홍수처럼 내주셨습니다.

복음은 '은혜의 복음'입니다. 은혜란 받을 자격이 없는 사람에게 거저 주는 것을 말합니다. 하나님은 자신을 아낌없이 내주셨습니다. 이것이 복음입니다. 하나님이 성육신 곧 인간의 몸을 입고 이 땅에 내려와 우리 대신 십자가에 매달려 피와 물을 쏟으며 우리의 죄와 저주에 대한 모든 값을 지불하고 죽으신 것입니다.

"다 이루었다."(요 19:30)

셋째, 복음을 전하기 위해서는 자신의 생명조차 조금도 귀한 것으로 여기지 말아야 합니다. 예수님은 "네 마음을 다하고 목숨을 다

하고 힘을 다하고 뜻을 다해 주 너의 하나님을 사랑하라"고 하셨는데 이 말씀은 그분이 먼저 당신에게 그렇게 하셨기 때문에 그 은혜와 사랑에 대해 감사와 감격하는 마음으로 반응하라는 것입니다.

"내가 마음을 다하고 목숨을 다하고 힘을 다하고 뜻을 다해 너를 사랑했다. 그래서 십자가에 달려 피와 땀과 눈물을 쏟으며 죽은 것이다. 나는 너도 나에 대해 그렇게 사랑하기를 바란다. 나는 시기하고 질투하는 하나님이다. 이것은 소유가 아닌 관계의 개념이다."

이해되십니까? 하나님은 온 마음을 당신을 위해, 당신에게 쏟아부으셨고 당신 또한 그분에 대해 그렇게 하기를 원하시는 것입니다.

하나님은 그분의 마음을 당신의 얼굴 앞에 물 쏟듯 하셨습니다.

그리고 당신에게도 그렇게 하기를 원하십니다.

"네 마음을 주의 얼굴 앞에 물 쏟듯 할지어다."(렘애 2:19)

하나님은 당신에게 마음을 달라고 하십니다.

"내 아들아, 네 마음을 내게 다오."(잠 23:26)

그래서 나는 매일 이렇게 고백합니다.

"예수님, 사랑합니다."

나는 성령님께 구체적인 도움을 구한다

품위 있는 사람이 되려면 어떻게 해야 할까요?

일상생활에서 죄를 이기고 거룩한 삶을 살아야 합니다. 죄를 짓지 않고 거룩한 삶을 사는 사람은 소박하게 살아도 품위 있고 존귀해 보입니다. 하지만 아무리 그 사람에게 돈, 명예, 권세, 학벌, 건물, 사람이 많아도 죄를 지으면 순식간에 바닥으로 떨어지고 천박해집니다. 교만의 죄, 음란의 죄, 어떤 죄든 짓지 말아야 합니다.

왕이라도 죄를 지으면 쫓겨나고 들짐승처럼 살게 됩니다.

"왕이 사람에게서 쫓겨나서 들짐승과 함께 살며 소처럼 풀을 먹으며 하늘 이슬에 젖을 것이요 이와 같이 일곱 때를 지낼 것이라. 그 때에 지극히 높으신 이가 사람의 나라를 다스리시며 자기의 뜻대로 그것을 누구에게든지 주시는 줄을 아시리이다."(단 4:25)

어떻게 하면 죄를 다스리고 거룩한 삶을 살 수 있을까요?

예수를 구주로 믿지 않는 사람은 거룩하게 살 수 있는 힘이 없습니다. 거룩하게 살려면 '거룩한 영'이신 성령님을 모셔야 하는데, 성령님은 예수를 구주로 믿을 때 들어오시기 때문입니다.

예수를 구주로 믿지 않는 사람들은 영혼이 하나님의 생명에서 떠났습니다. 우상을 숭배합니다. 죄의 종입니다. 진노의 자식입니다. 하나님과 원수가 되었습니다. 그래서 거룩하게 살 수 없습니다.

"그는 허물과 죄로 죽었던 너희를 살리셨도다. 그 때에 너희는 그 가운데서 행하여 이 세상 풍조를 따르고 공중의 권세 잡은 자를 따랐으니 곧 지금 불순종의 아들들 가운데서 역사하는 영이라. 전에는 우리도 다 그 가운데서 우리 육체의 욕심을 따라 지내며 육체와 마음의 원하는 것을 하여 다른 이들과 같이 본질상 진노의 자녀이었더니……."(엡 2:1~3)

하나님이 예수를 구주로 믿는 사람을 새사람으로 만드십니다. 새사람으로 만든다는 것은 '새로운 피조물'로 창조한다는 말입니다. 새로운 피조물은 어제까지의 죄에 대한 기록물이 하나도 남아 있지 않습니다. 하나님은 죄와 허물로 죽은 우리를 그리스도와 함께 살리셨고 우리는 은혜로 구원을 얻었습니다. 또 하나님은 우리를 그리스도와 함께 일으키셨고 그리스도 예수 안에서 함께 하늘에 앉히셨습니다. 우리는 그의 만드신 바 곧 새로운 피조물이 되었습니다.

우리는 선한 일을 위하여 다시 지음을 받았습니다.

새로운 피조물인 우리는 그리스도 안에서 행하게 되었습니다.

"긍휼이 풍성하신 하나님이 우리를 사랑하신 그 큰 사랑을 인하여 허물로 죽은 우리를 그리스도와 함께 살리셨고 너희는 은혜로 구원을 받은 것이라. 또 함께 일으키사 그리스도 예수 안에서 함께 하늘에 앉히시니 이는 그리스도 예수 안에서 우리에게 자비하심으로써 그 은혜의 지극히 풍성함을 오는 여러 세대에 나타내려 하심이라. 너희는 그 은혜에 의하여 믿음으로 말미암아 구원을 받았으니 이것은 너희에게서 난 것이 아니요 하나님의 선물이라. 행위에서 난 것이 아니니 이는 누구든지 자랑하지 못하게 함이라. 우리는 그가 만드신 바라 그리스도 예수 안에서 선한 일을 위하여 지으심을 받은 자니 이 일은 하나님이 전에 예비하사 우리로 그 가운데서 행하게 하려 하심이니라."(엡 2:1~10)

하나님이 주신 의의 힘은 막강하다

이 얼마나 놀랍고 큰 은혜입니까?

하나님이 우리에게 주신 '의의 힘'은 무엇일까요?

첫째, 언약을 믿는 힘입니다. 언약은 그리스도입니다.

둘째, 의인의 신분으로 하나님 앞에 당당히 서는 힘입니다.

셋째, 죄와 중독에 빠지지 않고 거룩하게 살 수 있는 힘입니다.

당신은 어떤 습관적인 죄와 중독에 빠져 있습니까?

하나님이 당신에게 주신 의의 힘은 죄와 중독에 빠지지 않고 거룩하게 살 수 있는 힘입니다. 당신에게는 엄청난 힘이 있습니다.

하나님은 당신이 예수를 구주로 믿을 때 의를 선물로 주셨습니다. 그 의는 곧 당신의 신분을 바꾸어서 하나님 앞에 당당히 설 수 있게 했고 또한 당신을 완전히 새로운 피조물로 만든 것입니다.

당신은 그리스도 안에서 의인이며 의롭게 살 수 있는 힘이 있습니다. 수많은 그리스도인들이 고개를 흔들며 이렇게 말합니다.

"제가 정말 의인인가요? 제가 예수님처럼 의롭고 거룩하게 살 수 있다고요? 저는 그것이 이 땅에서는 불가능하다고 생각했는데요. 저는 아직도 습관적인 죄와 중독에서 못 빠져 나오고 있어요."

집사, 장로, 목사 등 교회를 다니는 수많은 사람들이 거룩하게 사는데 실패하고 해도 해도 안 된다고 좌절합니다. 왜 그럴까요?

"우리는 어쩔 수 없이 죄를 지을 수밖에 없습니다. '모든 사람은 죄를 범하였나니 하나님의 영광에 이르지 못한다'고 했지 않습니까? '의인은 없나니 하나도 없다'고 했지 않습니까?"

맞습니다. 하지만 그것은 그리스도 밖에 있을 때에 상태를 말씀합니다. 그리스도 밖에 있는 모든 사람은 죄인입니다. 우리도 예수 믿기 이전에 그리스도 밖에 있을 때 죄인이었습니다.

의인은 한 명도 없습니다. 아담 이후로 모든 사람은 죄인입니다. 태어날 때부터 죄를 가지고 태어납니다. 이것을 '죄성'이라고 말합니다. 죄의 본능, 본성을 가지고 태어났다는 것입니다.

"모든 인간은 죄성이 있습니다."

교회 안에서는 죄성을 강조하며 가르칩니다.

"우리는 죄성을 가지고 있기 때문에 죄를 이길 수 없습니다. 죄를 먹고 마시고 죄와 뒹굴고 죄에서 빠져 나올 길이 없습니다."

또 이렇게 말합니다.

"날마다 회개하세요. 회개 안 하면 지옥 갑니다."

죄를 지으면 회개해야 하지만, 그리스도 안에 들어오는 순간 우리는 죄성이 사라지고 의성으로 바뀌었습니다. 새로운 피조물이 되었고 그 순간 의의 본능, 본성을 갖게 된 것입니다. 그리스도 안에 들어 온 순간 우리는 죄인이 아닙니다. 의인입니다. 그리스도 밖에 있을 때 '명백한 죄인'인 것처럼 그리스도 안에 있을 때 '명백한 의인'이 됩니다. 당신이 그리스도 안에 있다면 명백한 의인입니다.

그리스도 안에 들어 온 새로운 신분에 대해 교회에서 안 가르치고 밤낮 울며 회개하라고만 합니다. 과연 그것이 올바른 삶일까요?

"우리는 죄인이다. 가슴을 치면서 회개해라. 새벽에도 회개하고 낮에도 회개하고 저녁에도 회개하고 밤새 울면서 회개하면 복을 주신다. 회개하면서 그에 맞는 각종 속죄 예물을 드려라."

그렇게 밤낮 운다고 해도 구원받지 못합니다.

찬송가 544장에는 복음이 잘 담겨 있습니다. "울어도 못하네, 눈물 많이 흘려도 겁을 없게 못하고 죄를 씻지 못하니 울어도 못하네. 힘써도 못하네, 말과 뜻과 행실이 깨끗하고 착해도 다시 나게 못하니 힘써도 못하네. 참아도 못하네, 할 수 없는 죄인이 흉한 죄에 빠져서 어찌 아니 죽을까 참아도 못하네. 믿으면 되겠네, 주 예수만 믿어서 그 은혜를 힘입고 오직 주께 나가면 영원 삶을 얻네. 십자가에 달려서 예수 고난당했네. 나를 구원하실 이 예수 밖에 없네."

오직 예수의 피를 믿음으로만 구원을 받습니다.

"그러면 김열방 목사님은 회개하지 않나요?"

아닙니다. 나도 실수와 허물과 죄가 있으면 회개하고 거룩한 삶을 살게 해 달라고 날마다 성령님께 도움을 구합니다. 기도도 하루에 5~7시간씩 합니다. 하지만 그것은 하나님과의 친밀한 관계에서 저절로 이뤄지는 것이지 조금이라도 내 의가 될 수는 없습니다.

구약시대에 사람들이 황소와 염소, 송아지를 드리며 하나님 앞에 나가 제사를 지냈습니다. 하지만 그 제물로는 사람들의 죄를 씻지 못했습니다. 죄를 잠시 덮어 둔 것입니다.

똥이 있습니다. 그 똥을 "더럽다. 냄새 난다" 하고서 지나가는 사람이 겉옷을 벗어서 덮어 두었습니다. 똥이 잠깐 눈에 띄지 않고 냄새가 안 나는 것처럼 보이지만 가까이 가면 역겨운 냄새가 납니다.

똥을 완전히 치운 것이 아니라 덮어 둔 것이기 때문입니다.

천천만만의 짐승의 피는 사람들의 죄를 덮었지만 예수의 피는 사람들의 죄를 씻었습니다. 완전히 제거하고 깨끗하게 한 것입니다. 예수의 피는 우리의 모든 죄를 깨끗하게 했습니다. "그 아들 예수의 피가 우리를 모든 죄에서 깨끗하게 하실 것이요."(요일 1:7)

우리가 예수를 구주로 믿는 순간, 예수의 피로 모든 죄를 깨끗이 씻음 받습니다. 죄가 하나도 없는 것처럼 완전히 제거되었습니다. 그리고 우리는 성령으로 거듭나 하나님의 자녀가 되었습니다. 이것은 그리스도 안에서 완전히 새로운 피조물이 되었다는 말입니다.

"그런즉 누구든지 그리스도 안에 있으면 새로운 피조물이라. 이전 것은 지나갔으니 보라 새 것이 되었도다."(고후 5:17)

당신은 그리스도 안에서 의인으로 재창조되었습니다.

당신은 그리스도 안에서 의성을 가진 의인입니다.

당신은 그리스도를 통해 의롭게 살 수 있습니다.

당신 안에 예수 그리스도가 살아 계십니다.

하나님은 가장 품위 있는 제사를 정하셨다

가인과 아벨 이야기를 아십니까?

그들이 하나님께 제사를 지냈는데 가인은 곡물을 가지고 제사를 지냈고 아벨은 양의 첫 새끼를 가지고 제사를 지냈습니다. 하나님이 가인의 제물은 받지 않으시고 아벨의 제물은 받으셨습니다. 가인이 화가 나서 돌로 아벨을 쳐 죽였습니다. 왜 하나님은 가인의 제물을 받지 않았고 가인의 제사를 인정하지 않았을까요?

어떤 분은 이렇게 말합니다.

"아벨은 양의 첫 새끼, 가장 좋은 것을 드렸기 때문에 하나님이 받으셨다. 그러므로 우리도 가장 좋은 것을 헌물 또는 헌금으로 드려야 한다. 가장 좋은 차를 드려야 한다. 가장 좋은 아들을 드려야 한다. 가장 좋은 염소를 드려야 한다. 가장 좋은 옷을 드려야 한다. 가장 좋은 시간을 드려야 한다. 그래야 하나님이 받으신다."

그렇지 않으면 하나님이 받지 않으신다는 말처럼 들립니다.

가장 좋다는 게 뭘까요? 그런 건 없습니다. 내가 깨끗한 새 돈을 찾아서 드리면 가장 좋은 돈입니까? 그 돈은 어제 찍은 돈입니다. 오늘 찍은 새 돈이 나오면 그 돈이 더 좋은 돈입니다.

"내가 가진 것 중에서 가장 좋은 것을 드려야 된다."

시장에서 생선 가게를 하는 아줌마는 비린내 나는 지폐를 갖고 있습니다. 어떤 것을 드려도 생선 비린내가 납니다. 그 중에서 어떤 것이라도 '믿음으로 드리면' 하나님이 기쁘게 받으십니다.

"내가 가진 자녀 중에 가장 좋은 아들을 하나님께 드려야 돼."

어떤 자녀가 제일 좋은 아들입니까? 첫째 아들입니까?

다윗은 이새의 마지막 아들 곧 여덟 번째 아들이었습니다. 다윗은 아버지 이새가 하나님께 드린 것이 아니라 하나님이 마음에 든다고 일방적으로 선택하셨고 그로 인해 저절로 하나님께 바쳐진 사람이 되었습니다. 그나마 성경에서 "좋은 것을 드려라" 하는 것은 첫 열매입니다. 그것 말고는 특별히 좋다는 게 없습니다.

우리가 생각할 때 '이게 가장 좋은 옷이야'라고 드릴 수 있습니다. 하지만 하나님이 그 옷을 입으실까요? 예수님은 "들에 핀 백합화를 봐라. 솔로몬이 가진 모든 영광도 그 꽃만 못하였다"고 했습니다. 솔로몬이 입은 모든 옷을 하나님께 드리는 것보다 백합화 하나를 꺾어서 드리는 것이 하나님이 보시기에 더 나을 수도 있습니다.

그러나 주님은 그 꽃을 받지 않으십니다. 세상에 있는 모든 꽃이 그분의 것이기 때문입니다. 그분은 '영광의 하나님'이십니다. 영광 곧 온 우주에서 가장 아름답고 빛나는 분이십니다.

왜 하나님은 아벨의 제사를 받으셨을까요? 그것은 아담과 하와가 죄를 지었을 때로 돌아갑니다. 공의의 하나님은 죄를 지은 그들을 심판하셔야 했습니다. 죄의 삯은 사망이므로 아담과 하와가 죽어야 되는 것입니다. 하지만 그들 대신에 하나님이 한 짐승을 잡아 죽이셨고 그 피를 흘리고 가죽을 벗겨 가죽옷을 아담에게 입히셨는데 이는 곧 그리스도를 말합니다.

"아담아, 너희가 죽어야 되는데 하나님의 어린 양 곧 오실 예수 그리스도가 대신 죽으신 것이다. 그리고 너희는 이 가죽옷을 통해서 하나님의 긍휼과 자비를 받은 것이다."

하나님은 아담과 하와를 만드신 후에 그들을 축복하셨습니다.

아담과 하와가 죄를 짓고 타락했지만 한번 축복하신 것은 돌이킬 수 없었습니다. "하나님은 사람이 아니시니 거짓말을 하지 않으시고 인생이 아니시니 후회가 없으시도다. 어찌 그 말씀하신 바를 행하지 않으시며 하신 말씀을 실행하지 않으시랴."(민 23:19)

그래서 아담과 하와가 아닌 땅을 저주하셨습니다.

"아담에게 이르시되 네가 네 아내의 말을 듣고 내가 네게 먹지 말라 한 나무의 열매를 먹었은즉 '땅은 너로 말미암아 저주를 받고' 너는 네 평생에 수고하여야 그 소산을 먹으리라."(창 3:17)

또한 심판을 아담과 하와에게 하지 않고 양에게 하셨습니다.

"여호와 하나님이 아담과 그의 아내를 위하여 가죽옷을 지어 입히시니라."(창 3:21)

하나님이 한 짐승을 잡아 죽여 제물로 만드셨습니다. 그 피를 흘리고 그 가죽을 벗겨 아담에게 옷을 만들어 입히셨습니다.

그리고 아담과 하와에게 말씀하셨습니다.

"내가 큰 은혜를 베풀었으니 감사하는 마음으로 제사하며 이것을 기념하라. 너희는 죽어야 하는 존재인데 나의 은혜로 살게 되었다."

하나님이 아담과 하와에게 계시하며 지시하신 것은 '속죄 제사'

였습니다. 속죄하다(atone)는 '죄를 덮는다'는 의미입니다. 속죄는 죄를 씻어 제거(remission)하는 것이 아닙니다. 속죄와 속량은 다릅니다. 속죄는 속죄 제물(sin offering)을 통해 '임시로 죄를 덮어 두는 것'이고 언제든지 그 죄가 생각날 수 있으므로 양심상 담대함을 얻을 수 없습니다. 그에 비해 속량은 죗값을 지불하고 죄를 완전히 제거하는 것이므로 더 이상 죄가 생각나지 않기 때문에 양심상 담대함을 얻어 하나님을 향해 '아빠 아버지'라 부를 수 있게 되고 '그리스도 안에서 의인의 신분으로 당당히 서는 것'입니다.

"이에 따라 드리는 예물과 제사는 섬기는 자를 그 양심상 온전하게 할 수 없나니 이런 것은 먹고 마시는 것과 여러 가지 씻는 것과 함께 육체의 예법일 뿐이며 '개혁할 때까지' 맡겨 둔 것이니라. 그리스도께서는 장래 좋은 일의 대제사장으로 오사 손으로 짓지 아니한 것 곧 이 창조에 속하지 아니한 더 크고 온전한 장막으로 말미암아 염소와 송아지의 피로 하지 아니하고 오직 자기의 피로 영원한 속죄를 이루사 단번에 성소에 들어가셨느니라. 염소와 황소의 피와 및 암송아지의 재를 부정한 자에게 뿌려 그 육체를 정결하게 하여 거룩하게 하거든 하물며 영원하신 성령으로 말미암아 흠 없는 자기를 하나님께 드린 그리스도의 피가 어찌 너희 양심을 죽은 행실에서 깨끗하게 하고 살아 계신 하나님을 섬기게 하지 못하겠느냐?"(히 9:9~14)

아담과 하와는 이러한 하나님이 계시한 제사를 가인과 아벨에게 가르쳤습니다. 하지만 가인은 믿지 않았고 아벨은 믿었습니다. 믿는다는 말은 '인정한다'는 것입니다. 로마서 3장 28절에 "그러므로 사람이 의롭다 하심을 얻는 것은 율법의 행위에 있지 않고 믿음으로 되는 줄 우리가 인정하노라"고 했습니다. 인정해야 합니다.

하나님은 아담에게 피의 제사를 명하셨고 그는 가인과 아벨에게 그것을 가르쳤습니다. "이르되 '이는 하나님이 너희에게 명하신 언약의 피라' 하고 또한 이와 같이 피를 장막과 섬기는 일에 쓰는 모든 그릇에 뿌렸느니라. 율법을 따라 거의 모든 물건이 피로써 정결하게 되나니 피 흘림이 없은즉 사함이 없느니라."(히 9:20~22)

하나님이 과연 이렇게 말씀하셨을까요?

"아담아, 너희가 제사를 지낼 때에 내가 한 것처럼 해라. 내가 한 것처럼 너희도 짐승을 잡아 피 흘리면 너희들의 제물이 대단하기 때문에 그 제물을 보고 내가 너희들의 죄를 사해 주겠다."

아닙니다. 하나님이 자신이 죽이신 그 짐승을 내밀며 아담에게 똑같이 하라고 한 것이 아니라 하나님이 행하신 큰일을 기념하라는 것이었습니다. "너희가 제사 지낼 때 양을 잡아 죽여서 피를 흘리고 그것을 불태워 제사 지내야 한다. 이것은 내가 너희에게 행한 제물에 대한 감사의 마음으로 기념 의식을 하는 것이다."

아벨은 그가 양을 잡아 드렸기 때문에 죄를 사함 받거나 하나님께 의롭다고 여김을 받은 것이 아닙니다. 그는 하나님의 은혜를 인정하는 믿음으로 제사했기 때문에 의롭다 함을 얻은 것입니다.

그는 믿음으로 의롭다 함을 받았습니다. 무엇을 믿었습니까?

하나님이 행하신 것을 믿고 인정했던 것입니다. 아벨은 하나님이 자기 아버지 아담에게 베푸신 '어린 양의 속죄의 죽음, 곧 피 흘림의 은혜를 인정하고 믿고 감사하는 마음으로 제사'했던 것입니다.

"피 흘림이 없은즉 사함이 없느니라."(히 9:22)

피는 생명을 상징하고 피 흘림은 죽음을 의미합니다. 아벨은 죄로 말미암아 죽어야 하는 자기 대신 '하나님의 어린 양'이 죽었다는 것을 인정하고 믿고 감사하는 마음으로 제사했던 것입니다.

그가 양의 첫 새끼를 죽임으로 말미암아 최고 육질의 양고기를 드렸기 때문에 하나님이 기뻐하셨을까요? 결코 아닙니다.

"아벨아, 네가 참 기특하다. 대단하다. 네가 가인보다 더 나은 제물, 더 큰 제물을 드렸구나. 저 곡물보다 네 제물이 훨씬 낫다. 너의 제물이 최고다. 나는 야채보다 고기를 더 좋아하는데 네가 드린 새끼 양이 내 마음에 쏙 든다. 내가 너를 좋아한다."

그런 의미가 아닙니다. 나는 양고기를 좋아합니다. 하지만 하나님은 인생이 아니시므로 양고기를 좋아하지 않으십니다.

"여호와께서 말씀하시되 너희의 무수한 제물이 내게 무엇이 유익하뇨? 나는 숫양의 번제와 살진 짐승의 기름에 배불렀고 나는 수송아지나 어린 양이나 숫염소의 피를 기뻐하지 아니하노라."(사 1:11)

"하나님이 살진 짐승의 기름에 배불렀다고 했잖아요?"

아닙니다. 그분은 기름을 제거하라고 하셨습니다. 하나님은 영이시므로 양고기도 살진 짐승의 기름도 좋아하지 않으십니다.

미가 6장 7절에는 우리가 맏아들이나 내 몸을 드려도 하나님이 기뻐하지 않으신다고 했습니다. "여호와께서 천천의 숫양이나 만만의 강물 같은 기름을 기뻐하실까? 내 허물을 위하여 내 맏아들을, 내 영혼의 죄로 말미암아 내 몸의 열매를 드릴까?"

오늘날 수많은 분들이 하나님에 대해 크게 오해합니다. 하나님께 뭔가 대단한 것을 드려 갚음을 받을 수 있다고 착각하는 것입니다.

"누가 주께 먼저 드려서 갚으심을 받겠느냐? 이는 만물이 주에게서 나오고 주로 말미암고 주에게로 돌아감이라. 그에게 영광이 세세에 있을지어다. 아멘."(롬 11:35~36)

이 말씀은 "누가 주님께 경쟁적으로 먼저 드려 빨리 갚으심을 받겠느냐?"는 말이 아닙니다. 아무도 주님께 먼저 드려서 갚으심을 받을 자가 없다는 말입니다. 만물이 다 주님의 것이기 때문입니다.

어떤 부흥회에서는 강사가 이렇게 말했습니다.

"여러분, 아벨은 양을 드렸습니다. 아브라함도 모리아 산에서 양을 드렸습니다. 솔로몬과 다윗을 보세요. 그들은 일천 번제를 지내면서 천 마리의 황소와 염소를 잡아 하나님께 드렸습니다. 여러분도 하나님을 사랑한다면 황소 한 마리 정도는 드릴 수 있어야 하지 않겠습니까? 황소 한 마리에 얼마예요? 5백만 원이라면 그 정도는 헌금하세요. 그 정도의 헌금을 작정할 사람은 지금 손드세요."

이렇게 하는 것은 잘못된 것입니다. 우리가 하는 모든 제사와 제물, 또 신약 시대에 와서 하는 예배는 뭔가를 드림으로 말미암아 의로워지는 것이 아닙니다. 우리가 가장 좋은 것을 드려도 1도 더 의로워지지 않고, 못 드린다고 해도 1도 덜 의로워지지 않습니다.

"내가 뭔가 못 드리니까 부끄럽고 죄스러워요. 하나님께 미안하고 송구스러워요. 나는 하나님께 내세울 것이 하나도 없어요."

그렇게 생각하는 사람은 천국에 가도 똑같은 말을 할 것입니다.

"하나님, 제가 지금은 죽어서 천국에 가는 것이 부담스러워요. 하나님께 이렇다 할 업적을 내놓을게 없어요. 제가 아프리카 선교지에 가서 교회 몇 개 지어 놓고 또 개척교회도 세우고 시골교회에 가서 봉사도 하고 수많은 구제와 전도를 하고 난 다음에 하나님께 가야 '하나님, 제가 이렇게 큰일을 하고 왔습니다'라고 떳떳하게 말하고 당당하게 설 텐데 지금은 하나님 앞에 면목이 없어요."

이것은 하나님의 그의 아들 예수 그리스도를 통해 베푸신 은혜를 모르고 그것을 짓밟고 자기 의를 내세우려는 교만인 것입니다.

하나님이 보시는 교만은 인간이 생각하는 교만과 많이 다릅니다.

'지금 죽으면 하나님께 뭔가 내놓을게 없어요'라고 생각하는 모든 것은 교만인 것입니다. 우리는 하나님께 큰 은혜를 받았기 때문에 전도하고 선교하고 구제하고 기도하고 헌금하는 것이지 무엇인가 드림으로 하나님께 인정받고 그것을 돌려받기 위해 하는 것은 아닙니다. 아벨처럼 좋은 거 드려야 한다고 강조하지 마십시오.

"깨끗한 돈을 드려."

"가장 멋진 옷을 드려."

"가장 비싼 반지를 드려."

"가장 좋은 자동차를 드려."

"뭐라도 자꾸 드려. 크게 드려야 그분이 크게 감동하셔."

물론 하나님께 대한 예의를 갖추어야 하고 정성껏 준비해서 예물을 드려야 합니다. 또한 연보할 때 억지로나 인색함으로 하지 말고 자원하는 마음으로 각자 마음에 정한대로 풍성히 해야 합니다.

우리가 하나님의 은혜에 감사하는 마음으로, 성령에 감동되어 많이 드리는 건 괜찮지만 그것을 드려 하나님 앞에 의로워지려고 하거나 하나님께 더 나은 사람으로 보이려는 의도로 한다면 오히려 저주를 받습니다. "가인은 자기의 땀과 피와 눈물을 흘려서 지은 곡물을 하나님께 드렸습니다. 아벨은 자기의 땀과 피와 눈물이 아닙니다"라고 가르치면 안 됩니다. 아벨은 믿음으로 제사했습니다.

히브리서 11장 4절에는 아벨에 대해 처음도 믿음, 끝도 믿음, 믿음으로 드린 제사였기 때문에 더 나은 제사였다고 말합니다. "믿음으로 아벨은 가인보다 더 나은 제사를 하나님께 드림으로 의로운 자라 하시는 증거를 얻었으니 하나님이 그 예물에 대하여 증언하심이라 그가 죽었으나 그 믿음으로써 지금도 말하느니라."

아벨은 믿음으로 제사를 드림으로 의로운 자가 된 것입니다.

하나님은 인간의 피와 땀과 눈물을 기뻐하지 않으십니다.

하나님은 예수의 피와 땀과 눈물을 기뻐하십니다.

예수의 피를 존중하고 좋아하라

당신은 예수의 피를 존중하고 좋아합니까?

나는 예수의 피를 존중하고 좋아합니다. 예수의 피가 죄와 허물로 죽었던 나를 살렸고 내게 새 생명을 주었기 때문입니다.

어떤 이는 '피, 십자가'라면 잔혹한 느낌을 받아 싫어할 수도 있습니다. 십자가형은 고대 로마의 사형 방법 중에 가장 잔인하고 수치스러운 공개 처형이었습니다. 생각만 해도 끔찍한 일입니다.

예수님이 우리 대신 모든 잔혹한 형벌을 받았기 때문에 피와 십자가는 우리 인생에 있어 가장 소중한 보배이며, 가장 존중해야 할 단어인 것입니다. 예수의 피가 없다면 당신은 지금도 천천만만의 염소와 송아지의 피를 흘리며 제사를 지내야 합니다. 예수의 십자가가 없다면 당신은 지금도 저주받은 비참한 인생을 살아야 합니다.

예수의 피를 존중하고 좋아하십시오. 어떤 사람은 말합니다.

"예수의 피, 십자가, 그런 말은 하지 마세요. 그냥 좀 좋은 단어를 사용하세요. 하나님의 따뜻한 사랑과 부드러운 호의 등."

가인이 그렇게 생각했을 것입니다. '꼭 짐승을 잡아 피를 흘리며 희생 제물을 드려야 해? 너무 잔인하잖아. 좋으신 하나님인데.'

아벨은 그의 아버지와 어머니인 아담과 하와를 통해 전해들은 하나님이 정하신 속죄 제사를 존중하고 좋아했습니다. 그것을 인정하고 믿고 믿음으로 제사를 지냈고 그 믿음으로 의롭다 하심을 얻었습니다. '예수의 피와 십자가'는 하나님의 마음이고 언어입니다.

예수의 피와 십자가는 우리가 이 땅에 살 동안 꼭 깨닫고 가슴 깊이 간직해야 할 가장 중대한 이야기입니다. 피는 생명을 말하고 십자가는 죽음을 말합니다. 예수님은 우리에게 생명을 주기 위해 우리의 죄를 속량하는 피를 흘리셨고 우리 대신 죽으셨습니다.

그래서 사도 바울은 "내가 너희 중에서 예수 그리스도와 그가 십자가에 못 박히신 것 외에는 아무 것도 알지 아니하기로 작정하였음이라"(고전 2:2)고 말했던 것입니다.

히브리서 10장에는 이러한 내용을 잘 담고 있습니다.

첫째, 율법은 그림자입니다. "율법은 장차 올 좋은 일의 그림자일 뿐이요 참 형상이 아니므로 해마다 늘 드리는 같은 제사로는 나아오는 자들을 언제나 온전하게 할 수 없느니라. 그렇지 아니하면 섬기는 자들이 단번에 정결하게 되어 다시 죄를 깨닫는 일이 없으리니 어찌 제사 드리는 일을 그치지 아니하였으리요."(1~2)

둘째, 짐승의 피로 드리는 속죄 제사는 죄를 능히 없애는 것이 아니라 죄를 덮는 것이므로 죄가 다시 기억납니다. "그러나 이 제사들에는 해마다 죄를 기억하게 하는 것이 있나니 이는 황소와 염소의 피가 능히 죄를 없이 하지 못함이라."(3~4)

셋째, 하나님이 한 몸을 예비하셨는데 성육신하신 예수 그리스도입니다. 몸이기 때문에 피와 십자가가 등장하는 것입니다. "그러므로 주께서 세상에 임하실 때에 이르시되 하나님이 제사와 예물을 원하지 아니하시고 오직 나를 위하여 한 몸을 예비하셨도다."(5)

넷째, 하나님이 기뻐하시는 것은 해마다 짐승의 피를 흘리는 속죄 제사가 아닙니다. 그것은 임시로 주어진 것입니다. "번제와 속죄제는 기뻐하지 아니하시나니 이에 내가 말하기를 하나님이여 보시옵소서 두루마리 책에 나를 가리켜 기록된 것과 같이 하나님의 뜻을 행하러 왔나이다 하셨느니라. 위에 말씀하시기를 주께서는 제사와 예물과 번제와 속죄제는 원하지도 아니하고 기뻐하지도 아니하신다 하셨고 이는 다 율법을 따라 드리는 것이라."(6~8)

다섯째, 하나님의 뜻을 행하러 예수님이 오시므로 첫째 것을 폐하시고 둘째 것을 세우셨습니다. "그 후에 말씀하시기를 '보시옵소서 내가 하나님의 뜻을 행하러 왔나이다' 하셨으니 그 첫째 것을 폐하심은 둘째 것을 세우려 하심이라."(9)

여섯째, 하나님의 뜻을 따라 예수 그리스도가 몸을 단번에 드리심으로 말미암아 우리가 거룩함을 얻었습니다. '천국에 가면'이 아니고 '지금' 얻었습니다. "이 뜻을 따라 예수 그리스도의 몸을 단번에 드리심으로 말미암아 우리가 거룩함을 얻었노라."(10)

일곱째, 예수 그리스도는 죄를 위하여 한 영원한 제사를 드리셨고 그를 믿는 자의 죄를 완전히 없애셨고 그가 거룩하게 된 자들을 한 번의 제사로 영원히 온전하게 하셨습니다. "제사장마다 매일 서서 섬기며 자주 같은 제사를 드리되 이 제사는 언제나 죄를 없게 하지 못하거니와 오직 그리스도는 죄를 위하여 한 영원한 제사를 드리시고 하나님 우편에 앉으사 그 후에 자기 원수들을 자기 발등상이 되게 하실 때까지 기다리시나니 그가 거룩하게 된 자들을 한 번의 제사로 영원히 온전하게 하셨느니라."(11~14)

여덟째, 이제는 성령으로 말미암아 하나님이 그분의 법을 당신의 마음에 두셨고 당신의 생각에 기록하셨습니다. "또한 성령이 우리에게 증언하시되 주께서 이르시되 그 날 후로는 그들과 맺을 언약이 이것이라 하시고 내 법을 그들의 마음에 두고 그들의 생각에 기록하리라 하신 후에……."(15~16)

아홉째, 하나님은 예수 그리스도를 구주로 믿는 우리들의 모든 죄와 모든 불법을 사하셨고 다시 기억하지 않으십니다. 당신과 가족 모두를 포함합니다. "또 그들의 죄와 그들의 불법을 내가 다시 기억하지 아니하리라 하셨으니 이것들을 사하셨은즉……."(17~18)

열째, 예수의 피는 다시 죄를 위하여 짐승을 잡아 제사 드리지 않아도 되게 했습니다. 이 얼마나 감사하고 큰 은혜입니까? "다시 죄를 위하여 제사 드릴 것이 없느니라."(18)

열한째, 우리는 예수의 피를 힘입어 성소에 들어갈 담력을 얻었습니다. 이 얼마나 큰 힘입니까? 이것이 우리가 예수의 피를 존중하고 좋아해야 하는 이유입니다. "그러므로 형제들아 우리가 예수의 피를 힘입어 성소에 들어갈 담력을 얻었나니……."(19)

열둘째, 예수님의 몸이 십자가에 달렸고 그 몸이 찢겨졌기 때문에 하나님과 우리 사이에 막힌 담이 완전히 사라졌습니다. 새로운 살 길이 열린 것입니다. "그 길은 우리를 위하여 휘장 가운데로 열어 놓으신 새로운 살 길이요 휘장은 곧 그의 육체니라."(20)

열셋째, 우리는 예수의 피를 마음에 뿌림 받아 악한 양심으로부터 벗어났고 몸은 맑은 물로 씻음을 받았습니다. 그러므로 참 마음과 온전한 믿음으로 하나님께 나아갈 수 있게 되었습니다. "또 하나님의 집 다스리는 큰 제사장이 계시매 우리가 마음에 뿌림을 받아 악한 양심으로부터 벗어나고 몸은 맑은 물로 씻음을 받았으니 참 마음과 온전한 믿음으로 하나님께 나아가자."(21~22)

열넷째, 우리는 예수의 피를 믿는 도리의 소망을 움직이지 말고 굳게 잡고 이것으로 서로 돌아보아 사랑과 선행을 격려해야 합니다. "또 약속하신 이는 미쁘시니 우리가 믿는 도리의 소망을 움직이지 말며 굳게 잡고 서로 돌아보아 사랑과 선행을 격려하며."(23~24)

열다섯째, 우리는 예수의 피를 중심으로 모이는 교회의 예배를 존중하고 종말이 가까울수록 교회에 예배하기 위해 모이기를 더욱 힘써야 합니다. "모이기를 폐하는 어떤 사람들의 습관과 같이 하지 말고 오직 권하여 그 날이 가까움을 볼수록 더욱 그리하자."(25)

열여섯째, 하나님의 아들을 짓밟고 자기를 거룩하게 한 언약의 피를 부정한 것으로 여기고 은혜의 성령을 욕되게 하는 자는 하나님이 원수처럼 여기고 심판하십니다. "우리가 '진리를 아는 지식'을 받은 후 짐짓 죄를 범한즉 다시 속죄하는 제사가 없고 오직 무서운 마음으로 심판을 기다리는 것과 대적하는 자를 태울 맹렬한 불만 있으리라. 모세의 법을 폐한 자도 두세 증인으로 말미암아 불쌍히 여김을 받지 못하고 죽었거든 하물며 '하나님의 아들을 짓밟고 자기를 거룩하게 한 언약의 피를 부정한 것으로 여기고 은혜의 성령을 욕되게 하는 자'가 당연히 받을 형벌은 얼마나 더 무겁겠느냐 너희는 생각하라. 원수 갚는 것이 내게 있으니 내가 갚으리라 하시고 또 다시 주께서 그의 백성을 심판하리라 말씀하신 것을 우리가 아노니 살아 계신 하나님의 손에 빠져 들어가는 것이 무서울진저 전날에 너희가 빛을 받은 후에 고난의 큰 싸움을 견디어 낸 것을 생각하라. 혹은 비방과 환난으로써 사람에게 구경거리가 되고 혹은 이런 형편에 있는 자들과 사귀는 자가 되었으니 너희가 갇힌 자를 동정하고 너희 소유를 빼앗기는 것도 기쁘게 당한 것은 더 낫고 영구한 소유가 있는 줄 앎이라."(26~34)

열일곱째, 하나님의 아들과 예수의 피 곧 언약의 피와 은혜의 성령님을 존중하고 이 진리를 믿는 믿음에 담대해야 합니다. "그러므로 너희 담대함을 버리지 말라. 이것이 큰 상을 얻게 하느니라."(35)

열여덟째, 하나님의 뜻을 행한 후에 약속하신 것을 받기 위해서는 인내가 필요한데, 인내는 성령의 열매입니다. 모든 것을 인내하게 하시는 분은 성령님이십니다. "너희에게 인내가 필요함은 너희가 하나님의 뜻을 행한 후에 약속하신 것을 받기 위함이라."(36)

열아홉째, 예수님이 곧 오십니다. 당신은 하나님의 의인입니다. 의인이 된 당신은 오직 하나님의 은혜 곧 예수의 피를 믿는 믿음으로 살아야 합니다. "잠시 잠깐 후면 오실 이가 오시리니 지체하지 아니하시리라. 나의 의인은 믿음으로 말미암아 살리라."(37~38)

스물째, 예수의 피를 믿는 믿음에서 한 걸음도 뒤로 물러가면 안 됩니다. "또한 뒤로 물러가면 내 마음이 그를 기뻐하지 아니하리라 하셨느니라. 우리는 뒤로 물러가 멸망할 자가 아니요 오직 영혼을 구원함에 이르는 믿음을 가진 자니라."(38~39)

율법의 말씀이 아닌 은혜의 말씀을 통해 거듭난다

당신은 거듭났습니까? 나는 거듭났습니다.

사람이 어떻게 거듭날까요? '썩지 아니할 씨'로 거듭납니다.

썩지 아니할 씨는 '살아 있고 항상 있는 하나님의 말씀'입니다.

주의 말씀은 무엇일까요? 창세기부터 요한계시록까지의 모든 성경 구절을 통독하고 암송한다고 거듭나는 것이 아닙니다. 어떤 이는 말합니다. "하나님의 말씀으로 거듭난다고 했으니 성경 구절을 많이 외워야 한다." 아닙니다. 하나님의 말씀은 곧 '복음'입니다.

"너희가 거듭난 것은 썩어질 씨로 된 것이 아니요 썩지 아니할 씨로 된 것이니 '살아 있고 항상 있는 하나님의 말씀'으로 되었느니라. 그러므로 모든 육체는 풀과 같고 그 모든 영광은 풀의 꽃과 같으니

풀은 마르고 꽃은 떨어지되 오직 '주의 말씀'은 세세토록 있도다 하였으니 너희에게 전한 '복음이 곧 이 말씀'이니라."(벧전 1:23~25)

하나님이 보실 때 '썩어질 씨'와 '썩지 아니할 씨'가 있습니다.

썩어질 씨는 '의로워지기 위해 이것저것을 해야 한다고 율법 행위를 강조하는 인간의 의'이며 썩지 아니할 씨는 '예수님이 십자가에서 다 이루었으니 믿기만 하라는 하나님의 의'입니다.

바울은 인간의 의를 모두 썩어질 씨앗 곧 배설물로 여겼습니다.

"그러나 나도 육체를 신뢰할 만하며 만일 누구든지 다른 이가 육체를 신뢰할 것이 있는 줄로 생각하면 나는 더욱 그러하리니 나는 팔일 만에 할례를 받고 이스라엘 족속이요 베냐민 지파요 히브리인 중의 히브리인이요 율법으로는 바리새인이요 열심으로는 교회를 박해하고 율법의 의로는 흠이 없는 자라. 그러나 무엇이든지 내게 유익하던 것을 내가 그리스도를 위하여 다 해로 여길뿐더러 또한 모든 것을 해로 여김은 내 주 그리스도 예수를 아는 지식이 가장 고상하기 때문이라. 내가 그를 위하여 모든 것을 잃어버리고 배설물로 여김은 그리스도를 얻고 그 안에서 발견되려 함이니 내가 가진 의는 율법에서 난 것이 아니요 오직 그리스도를 믿음으로 말미암은 것이니 곧 믿음으로 하나님께로부터 난 의라."(빌 3:4~9)

복음이 무엇입니까? 사도 바울이 외친 '예수 그리스도와 그가 십자가에 못 박히신 것'입니다. 다시 말해 "예수 그리스도가 내 안에 살아 계신다"는 것이 복음이고 "그분이 십자가에 못 박혀 죽으시므로 나의 모든 죄와 저주를 다 속량하셨다"는 것이 복음입니다.

이것이 '주와 및 그 은혜의 말씀'입니다. 이것이 곧 '썩지 아니할 씨'이며, 우리는 이러한 '은혜의 말씀'으로 거듭난 것입니다 .

"지금 내가 여러분을 '주와 및 그 은혜의 말씀'에 부탁하노니 그 말씀이 여러분을 능히 든든히 세우사 거룩하게 하심을 입은 모든 자 가운데 기업이 있게 하시리라."(행 20:32)

예수님이 하나님의 아들이신 것과 예수님이 십자가에서 다 이루었다는 은혜의 말씀을 믿을 때 구원받습니다. 이것이 핵심입니다.

골로새서 3장 16절에는 "그리스도의 말씀이 너희 속에 풍성히 거하여"라고 했고 로마서 10장 17절에는 "그러므로 믿음은 들음에서 나며 들음은 그리스도의 말씀으로 말미암았느니라"고 했는데 도대체 '그리스도의 말씀'이 무엇입니까? 산상보훈입니까? 신약성경에서 빨간색으로 표시된 부분 곧 예수님이 하신 말씀입니까?

어떤 이는 산상보훈이나 예수님이 하신 말씀만 믿고 외우면 구원받는다고 말합니다. 그렇지 않습니다. 그리스도의 말씀이란 '그리스도는 말씀'이며 '그리스도에 대한 말씀'을 말합니다.

로마서 10장의 내용을 자세히 읽으면 더욱 명확해집니다.

첫째, 예수님이 십자가에서 피와 물을 쏟으며 값을 다 지불하고 "다 이루었다"(요 19:30)는 은혜의 복음을 믿으면 구원을 얻는다는 '믿음의 말씀'이 마음에 있고 입술에 있으면 구원을 받습니다. "그러면 무엇을 말하느냐 말씀이 네게 가까워 네 입에 있으며 네 마음에 있다 하였으니 곧 우리가 전파하는 믿음의 말씀이라."(8)

둘째, 당신의 입술로 예수를 주라 시인하고 예수님이 십자가에서 죽으시고 부활하셨다는 것을 마음에 믿으면 구원을 얻습니다. 이것이 곧 마음으로 믿어 의에 이르고 입으로 시인하여 구원에 이른다는 말씀입니다. "네가 만일 네 입으로 예수를 주로 시인하며 또 하나님께서 그를 죽은 자 가운데서 살리신 것을 네 마음에 믿으면 구원을 받으리라. 사람이 마음으로 믿어 의에 이르고 입으로 시인하여 구원에 이르느니라."(9~10)

셋째, 유대인이나 헬라인이나 차별이 없이 누구든지 예수를 구주로 믿는 자는 부끄러움을 당하지 않습니다. "성경에 이르되 누구든지 그를 믿는 자는 부끄러움을 당하지 아니하리라 하니 유대인이나 헬라인이나 차별이 없음이라. 한 분이신 주께서 모든 사람의 주가 되사 그를 부르는 모든 사람에게 부요하시도다. 누구든지 주의 이름을 부르는 자는 구원을 받으리라."(11~13)

넷째, 우리는 예수님이 십자가에서 다 이루었다는 은혜의 말씀을 전해야 하며 성령님께 전도할 문을 열어 달라고 기도해야 합니다. "그런즉 그들이 믿지 아니하는 이를 어찌 부르리요 듣지도 못한 이를 어찌 믿으리요 전파하는 자가 없이 어찌 들으리요."(14)

다섯째, 성령이 임한 사람은 모두 하나님께로부터 전도하라고 보내심을 받은 사람입니다. 성령님은 전도를 위해 오신 분이기 때문입니다. "보내심을 받지 아니하였으면 어찌 전파하리요 기록된 바 아름답도다 좋은 소식을 전하는 자들의 발이여 함과 같으니라."(15)

여섯째, 복음의 말씀은 명령입니다. 순종해도 되고 안 해도 되는 것이 아닙니다. 반드시 순종해야 구원을 얻습니다. "그러나 그들이 다 복음을 순종하지 아니하였도다. 이사야가 이르되 주여 우리가 전한 것을 누가 믿었나이까 하였으니 그러므로 믿음은 들음에서 나며 들음은 그리스도의 말씀으로 말미암았느니라. 그러나 내가 말하노니 그들이 듣지 아니하였느냐 그렇지 아니하니 그 소리가 온 땅에 퍼졌고 그 말씀이 땅 끝까지 이르렀도다 하였느니라."(16~18)

일곱째, 하나님은 세상의 미련한 백성에게 은혜의 복음으로 구원을 얻게 하셨습니다. "그러나 내가 말하노니 이스라엘이 알지 못하였느냐 먼저 모세가 이르되 내가 백성 아닌 자로써 너희를 시기하게 하며 미련한 백성으로써 너희를 노엽게 하리라 하였고 이사야는 매우 담대하여 내가 나를 찾지 아니한 자들에게 찾은 바 되고 내게 묻지 아니한 자들에게 나타났노라 말하였고."(19~20)

여덟째, 이스라엘이 구원을 얻지 못한 것은 율법을 순종하지 않아서가 아닌 복음 곧 '주와 및 그 은혜의 말씀'을 순종하지 않았기 때문입니다. "이스라엘에 대하여 이르되 '순종하지 아니하고 거슬러 말하는 백성에게 내가 종일 내 손을 벌렸노라' 하였느니라."(21)

하나님께서 당신에게 지금 순종하라고 말씀하십니다.

"너는 주와 및 그 은혜의 말씀에 순종하라. 그러면 네가 구원을 얻으리라. 네가 죄인 되고 나와 원수 되었을 때, 네가 연약하고 경건치 않을 때, 내가 너를 사랑하여 독생자 예수 그리스도를 십자가에 매달아 피와 물을 쏟으며 너의 모든 죄와 저주에 대한 값을 다 지불하고 죽게 했다. 이 예수 그리스도 복음의 말씀에 순종하라. 주 예수를 믿으라. 그러면 너와 네 집이 구원을 얻으리라."

사람에게 구걸하지 말고 하나님께 구하라

당신은 날마다 기도 응답을 받으며 살고 있습니까?

당신이 예수의 피를 믿음으로 죄 사함을 받고 하나님의 자녀가 되었다면 기도하는 삶을 살아야 합니다. 기도는 하나님이 그분의 자녀에게 주신 특권입니다. 기도하는 것 자체가 초자연적입니다.

나는 어떤 문제가 있을 때마다 내 힘으로 해결하려고 애쓰지 않고 하나님께 기도하고 응답을 받습니다. 기도 응답은 은혜입니다.

하나님은 우리가 생각만 해도 응답하시고 한 마디만 해도 응답해 주십니다. 그분은 우리가 구하기도 전에 이미 그것이 있어야 할 줄 알고 계십니다. 나는 하루에 5~7시간 기도하지만 성령의 강물을 따라 기도할 뿐이고 기도 응답은 기도 시간과 비례하지 않습니다.

하나님은 우리가 한 마디만 기도해도 기꺼이 응답하십니다. 하지만 많은 사람들이 혼자 염려하고 근심하고 고민하고 불평하기만 하지 하나님께 구체적으로 기도하지 않는 것을 볼 수 있습니다.

얼마 전에 시골의 한 목사님이 산책하면서 내게 물었습니다.

"지금 경제적으로 상당히 어려운데 어떻게 하면 될까요?"

나는 그분에게 기도 응답 받는 이야기를 해주었습니다.

"저는 해결해야 할 문제가 있으면 며칠 전에 미리 기도합니다. 예를 들어 '하나님, 제가 3일 후에 200만 원을 결제해야 됩니다. 챙겨주세요. 부탁합니다'라고 미리 기도해 놓으면 3일 후에 그 돈이 초자연적으로 들어옵니다. 저는 그런 경험을 자주 합니다."

그러자 그분이 이렇게 말했습니다.

"요즘 돌고 있는 전염병 때문에 교회가 많이 힘들지 않나요?"

"아닙니다. 저는 매일 아침에 일어나면 기도합니다. '하나님, 양

떼를 보내 주세요. 추수할 일꾼들을 보내 주세요' 그러면 하나님이 신기하게 양떼를 보내 주시고 추수할 일꾼들을 보내 주십니다. 그래서 교회는 계속 든든히 서가고 있습니다. 하나님이 날마다 교회를 더 강하게 하시고 더 견고케 하시고 더 풍성하게 하십니다."

"그러면 재정적으로는 변화가 없나요? 힘들지 않나요. 성도들이 어렵다고 헌금을 적게 드리지 않나요? 예배 시간에 많이 빠지고 제대로 십일조를 못 드리거나 하지 않나요?"

"그렇지 않습니다. 하나님은 내가 기도한 대로 다 응답하십니다. 하나님은 어떻게든 필요한 걸 다 채워 주십니다. 그래서 조금도 부족하지 않고 오히려 환란 중에 더 풍요롭습니다. 하나님의 자녀는 환란 중에 더 풍요로워지고 기근 중에 더 많은 것을 거둡니다. 이삭이 흉년 중에 농사를 지어 그 해에 백배를 거둔 것과 같습니다."

"이삭이 그 땅에서 농사하여 그 해에 백배나 얻었고 여호와께서 복을 주시므로 그 사람이 창대하고 왕성하여 마침내 거부가 되어 양과 소가 떼를 이루고 노복이 심히 많으므로……."(창 26:12~14)

당신도 이삭처럼 하나님의 음성에 순종하므로 백배를 받고 거부가 되기 바랍니다. 내가 주일에 우리 교회 성도들을 보면 믿음과 생활이 한결같습니다. 코로나19가 생기고 2년 지났는데 변함없이 교회에 나와 예배하고 생활도 풍요롭습니다. 그들 중에 누더기 옷을 입은 사람이나 밥 못 먹는 사람이 아무도 없습니다. 하나님이 날마다 기적을 베풀어 주시기 때문입니다. 나도 매일 기도하고 응답을 받기 때문에 항상 풍요롭습니다. 어떤 이는 말합니다.

"김열방 목사님은 기도를 하루에 세 시간, 여덟 시간, 많이 하니까 그렇게 응답을 잘 받는 것 아닌가요? 우리는 달라요."

내가 그분에게 그렇지 않다고 말했습니다.

"내가 김열방이고 목사이기 때문에 기도 응답을 더 많이 받는 게 아닙니다. 나는 그냥 하나님의 자녀이기 때문에 기도하고 응답 받을 뿐입니다. 나는 당신보다 더 의로운 것이 하나도 없습니다. 내가 기도를 하루에 일곱 시간, 열 시간을 한다 해도 1이라도 더 의로워지는 것이 아닙니다. 내가 가진 의는 예수의 피를 통한 의입니다."

"그래도 김열방 목사님은 유명하시잖아요?"

"아닙니다. 나는 그렇게 유명한 사람도 아니며, 나를 모르는 사람이 더 많습니다. 내가 유명하다고 하나님이 기도 응답을 더 많이, 더 잘 해주시는 것이 절대로 아닙니다. 하나님은 유명한 사람이라고 특별 대우하지 않습니다. 유명세는 기도 응답과 아무 상관이 없습니다. 하나님은 지극히 작은 아이에게 관심을 가지십니다."

나는 그분에게 나를 대단하게 여기지 말라고 했습니다.

"목사님은 오늘 저를 처음 만났으니까 어제까지 저를 몰랐잖아요. 저는 그렇게 유명한 사람이 아닙니다. 저는 유명세를 좋아하지 않고 혼자 조용히 골방에 들어가 기도하는 사람입니다."

하나님도 그분을 믿지 않은 사람에게는 알려지지 않았습니다.

어리석은 사람들은 하나님이 없다고 합니다.

유명하기 때문에 하나님이 이렇게 말씀하시지 않습니다.

"너 유명한 사람이구나. 네 기도에 특별히 응답을 잘해 줄게."

"너 이름이 멋지구나. 좋아. 네 기도에 응답을 잘해 줄게."

"너 목사구나. 좋아. 네 기도에 응답을 잘해 줄게."

결코 아닙니다. 우리는 천주교처럼 신부를 통해 하나님께 기도 응답받고 교황을 통해 하나님의 말씀을 듣고 그런 게 아닙니다.

신부님이 기도하면 더 잘 들어주실까요?

교황이 기도하면 더 잘 들어주실까요? 아닙니다.

교황도 신부도 그리스도 밖에 있으면 모두 죄인입니다. 모든 사람은 오직 예수 그리스도를 믿음으로 의로워지는 것입니다.

"할례자도 믿음으로 말미암아 또한 무할례자도 믿음으로 말미암아 의롭다 하실 하나님은 한 분이시니라."(롬 3:30)

그러면 어떻게 기도 응답을 받을까요? 우리 모두 하나님의 자녀이기 때문에 기도 응답을 받는 것입니다. 따라서 말하십시오.

"나는 하나님의 자녀이기 때문에 기도하고 응답 받는다."

나는 아이들에게도 이렇게 말하지 않습니다.

"너는 목사 아들, 딸이니까 하나님이 기도 응답 잘해 주실 거야."

아닙니다. 하나님의 자녀로 당당하게 기도하면 되는 것입니다.

우리는 그리스도 안에서 완전히 새로운 피조물이 되었습니다.

로마서 5장 3절에 "다만 이뿐 아니라 우리가 환난 중에도 즐거워하나니 이는 환난은 인내를, 인내는 연단을, 연단은 소망을 이루는 줄 앎이더라. 소망이 우리를 부끄럽게 하지 아니함은 우리에게 주신 성령으로 말미암아 하나님의 사랑이 우리 마음에 부은 바 되었기 때문이다"라고 했습니다. 여기에 보면 '환난'이 나옵니다. '인내'가 나옵니다. '연단'이 나옵니다. '소망'이 나옵니다. 우리가 믿음으로 살 때 가장 많이 부딪치는 것이 이 네 가지입니다.

"김열방 목사님, 저에게 환난이 왔어요. 어떻게 하면 돼요?"

"목사님, 제가 이 환난을 참고 참고 또 참고 인내해야 되나요? 인내의 시간이 너무 길어요. 언제까지 기다려야 하나요?"

"김열방 목사님, 제가 연단을 받고 있어요. 풀무불에 들어간 것처럼 제 인생이 뜨겁게 달궈지고 있어요. 너무 고통스러워요."

"김열방 목사님, 저에게 정말 희망이 있나요 소망이 있나요?"

그런데 하나님이 당신에게 주신 '의의 힘'은 이 네 가지를 이길 수 있는 힘입니다. 다 감당할 수 있는 힘입니다. 이 네 가지를 다 다스릴 수 있는 힘이 곧 '막강한 의의 힘'입니다. "의인은 일곱 번 넘어져도 여덟 번째 일어난다"고 했습니다. 왜 그럴까요? 일어날 수 있는 힘이 있기 때문입니다. 당신은 일곱 번 넘어져도 "나는 그리스도 안에서 의인이다"라고 외치면서 다시 일어날 수 있습니다.

나는 산책할 때 두 다리로 걸으며 이런 생각을 합니다.

'아, 내가 힘이 있으니까 걷는구나.'

병든 노인은 못 걷습니다. 노인이 직접 시장에 가서 장을 보고 밥을 해서 먹을 수 있으면 건강하다고 합니다. 이렇게 생각하세요.

'내가 걷는구나. 그러면 나는 건강한 거구나.'

아침에 눈을 뜨면 이렇게 생각하며 감사하세요.

'내가 눈을 떴네. 눈을 뜰 수 있는 힘이 있으니 건강하구나.'

밥을 먹고 반찬을 씹습니다. '나는 음식을 씹을 힘이 있구나.'

물을 마셨는데 꿀꺽 하고 목으로 넘깁니다.

'아. 내게 물을 마실 힘이 있구나.'

내 손에 성경책을 들고 있습니다.

'성경책 들 힘이 있구나.'

주일에 교회에 가서 설교를 듣는 것은 들을 수 있는 힘이 있기 때문에 가능한 것입니다. 하나님이 들을 힘을 주신 것입니다.

하나님은 모든 생명에게 호흡을 거저 주시는 분입니다.

"우리가 그를 힘입어 기동하며 살고 있느니라"고 했습니다.

따라서 말해 보십시오. "하나님, 힘을 더 주세요."

"하나님이 제 눈에 힘을 더 주시면 더 잘 보이고, 제 코에 힘을 더 주시면 숨을 더 잘 쉬고, 제 입에 힘을 더 주시면 치아가 더 튼튼해서 더 잘 씹고, 제 귀에 힘을 더 주시면 귀가 더 잘 들리고, 제 심장에 힘을 더 주시면 심장이 더 뛰고, 제 위장에 힘을 더 주시면 위가 소화를 더 잘 시키고, 제 팔다리에 힘을 더 주시면 더 많은 것을 들고 마음껏 걷고 뛸 수 있습니다. 하나님, 힘을 더 주세요."

나는 책을 쓰는데 손가락에 힘이 없으면 책을 못 씁니다.

하나님이 힘을 주시니까 탁탁 자판을 두드리며 책을 씁니다.

하나님이 힘을 주시니까 스마트폰을 만지며 탁탁 누릅니다.

힘이 있으니까 무엇이든 누르는 것입니다. 이런 누르는 힘, 피아노 건반을 땅땅 두드리는 힘. 모두 하나님이 주신 것입니다. 앉아 있는 것도 힘을 주셨기 때문에 앉아 있는 것입니다. 따라 말하세요.

"하나님, 저에게 힘을 주셔서 감사합니다."

힘이 있다는 건 뭘까요? 생명이 있다는 것입니다.

생명, 죽은 사람은 힘이 없습니다. 살아서 생명이 있으니까 눈을 깜박깜박하고 고개를 끄덕끄덕하고 코를 벌렁벌렁하고 아름다운 미소를 짓는 것입니다. 살아 있으니까 손가락을 꼬물꼬물하는 것입니다. 그렇게 조금이라도 움직인다는 것은 생명이 있다는 것입니다.

예수님은 하나님의 의입니다. "복음에는 하나님의 의가 나타나서 믿음으로 믿음에 이르게 하나니 기록된 바 오직 의인은 믿음으로 말미암아 살리라 함과 같으니라"(롬 1:17)고 했는데 "하나님의 의가 나타났다"는 말은 '예수가 나타났다'는 것입니다. "이제는 율법 외에 하나님의 한 의가 나타났으니 율법과 선지자들에게 증거를 받은 것이라. 곧 예수 그리스도를 믿음으로 말미암아 모든 믿는 자에게 미치는 '하나님의 의'니 차별이 없느니라."(롬 3:21~22)

하나님의 의는 예수님이고 예수님은 생명이십니다.

당신은 자신과 예수님을 누구라고 생각합니까?

우리는 예수를 구주로 믿는 순간 모든 죄를 사함 받고 성령으로 거듭나 하나님으로부터 난 자가 되었습니다. 새로운 탄생, 새로운 창조가 우리에게 일어났고 '새로운 피조물'이 된 것입니다.

다음의 성경 말씀에 자세히 나와 있습니다.

"너희는 하나님으로부터 나서 그리스도 예수 안에 있고 예수는 하나님으로부터 나와서 우리에게 지혜와 의로움과 거룩함과 구원함이 되셨으니 기록된 바 자랑하는 자는 주 안에서 자랑하라 함과 같게 하려 함이라."(고전 1:30~31)

이 말씀을 보면 일곱 가지 사실을 깨닫게 됩니다. 무엇일까요?

첫째, 너희는 하나님으로부터 났다.

둘째, 너희는 그리스도 예수 안에 있다.

셋째, 예수는 하나님으로부터 나왔다.

넷째, 예수는 우리에게 지혜가 되셨다.

다섯째, 예수는 우리에게 의로움이 되셨다.

여섯째, 예수는 우리에게 거룩함이 되셨다.

일곱째, 예수는 우리에게 구원함이 되셨다.

그러므로 자랑하는 자는 주 안에서 자랑해야 합니다.

지금 당신 안에 지혜와 의로움과 거룩함과 구원함이 되시는 예수님이 실제로 살아 계십니다. "예수 그리스도께서 너희 안에 계신 줄을 너희가 스스로 알지 못하느냐?"(고후 13:5)

예수님이 당신의 전부이십니다.

우리는 생명 안에서 왕 노릇하는 자들이다

당신은 구걸하는 자입니까? 왕 노릇하는 자입니까?

우리는 생명 안에서 왕 노릇하는 자로 부르심을 받았습니다. 그러므로 이 땅에서 살 동안 주위 사람들에게 구걸하지 말고 하나님께 구하고 생명 안에서 모든 것을 다스리며 왕 노릇해야 합니다.

우리의 육체의 생명도 하나님이 주셨기 때문에 걷고 뛰고 먹고 마시는 것입니다. 이처럼 우리 영혼에도 '예수' 곧 '하나님의 의'라는 생명을 주셨기 때문에 생명 안에서 왕 노릇하며 죄와 율법을 다스려야 합니다. 예수님이 생명이시므로 '생명 안에서'라는 말은 곧 '예수 안에서'라는 말입니다. 로마서 5장 17절을 읽어 보십시오.

"한 사람의 범죄로 말미암아 사망이 그 한 사람을 통하여 왕 노릇하였은즉 더욱 은혜와 의의 선물을 넘치게 받는 자들은 한 분 예수 그리스도를 통하여 생명 안에서 왕 노릇 하리로다."

생명을 주셨고 생명 안에서 왕 노릇하라고 했습니다.

육체가 생명을 갖고 있기 때문에 걷고 뛰고 먹고 마시고 자고 깨고 하는 것처럼 우리 영혼은 하나님의 생명인 예수 그리스도를 모시고 있기 때문에 그분을 통해서 모든 것을 다스리는 것입니다. 의라는 생명, 은혜라는 생명이 들어왔기 때문에 우리는 이 세상에 살면서 죄와 마귀, 자아와 율법을 다스리며 살 수 있게 되었습니다.

많은 사람들이 다스리지 못하고 구걸하는 삶을 살고 있습니다.

"저는요. 환난을 못 이겨요. 조금만 환난이 오면 교회에 나가기 싫어요. 기도하기도 싫어요. 성경도 보기 싫고 하나님 이야기만 들어도 마음이 무거워요. 믿는 사람들을 만나기도 싫어요. 왜 저는 예수를 구주를 믿고 있는데 이렇게 환난만 생기면 힘들어하나요?"

하나님은 "환난 날에 내게 부르짖으라"고 하셨습니다.

어떻게 부르짖습니까? 기도원이나 동굴 속에 들어가서, 산꼭대기나 바닷가에서 부르짖을 수 있고 교회에 가서 부르짖을 수도 있겠지만 이 말씀은 "전심으로 하나님을 찾으라"는 것입니다.

환난이 왔을 때 전심으로 하나님만 바라보며 기도해야 합니다.

"하나님, 도와주세요."

그러면 신기하게 하나님이 우리 마음에 환난을 이길 수 있는 힘을 주십니다. 그 하나님을 나는 '성령님'이라고 바꿔 부릅니다.

지금 내 곁에서 나를 돕기 위해서 와 계신 분은 '파라클레토스' 곧 보혜사 성령님이시기 때문에 "성령님, 환난을 이기게 해주세요." 라고 부탁드리는 것입니다. 그러면 놀랍게도 성령님께서 내가 당하는 모든 환난을 이길 수 있는 초자연적인 힘을 공급해 주십니다.

성령님께 구체적인 도움을 구하라

당신은 지금 어떤 환난을 당하고 있습니까?

모든 것을 포기하고 싶을 만큼 큰 환난을 당하고 있지 않습니까?

그러기 때문에 하나님의 초자연적인 도움이 필요한 것입니다.

나는 매일 아침 눈을 뜨면 이렇게 말하며 성령님께 도움을 구합니다. "성령님, 환난을 이기게 해주세요." 그러면 도와주십니다.

2천 년 전에는 하나님께 구했고 천사가 와서 도와줬습니다.

예수님 때는 제자들이 예수님께 도움을 구했습니다. 베드로가 물속에 쏵아 빠져들어 갈 때 "주여, 도우소서. 구원하소서"라고 외쳤고 예수님이 달려가서 손을 잡고 끌어 올리셨습니다. 그들은 문제가 있을 때마다 "예수님, 도와주세요"라고 말씀드렸습니다.

그런 예수님께서 놀라운 말씀을 하셨습니다.

"그 날에는 너희가 내게 구하지 않을 것이다. 내게 묻지도 않고 내게 무언가를 부탁하지도 않을 것이다. 그날에는 너희가 내게 구하는 것이 아니라 아버지께 직접 구하고 아버지의 영이자 예수의 영인 성령님을 보낼 터인데 그분에게 도움을 구할 것이다."

지금은 성령님의 시대가 온 것입니다. 성령님께 구체적으로 "이 문제를 도와주세요"라고 도움을 구하면 성령님이 도와주십니다.

"아버지, 도와주세요"라고 하면 하나님 아버지는 저 하늘에 계신 분으로 멀리 생각되고 막연하게 기다려야 할 것처럼 느껴집니다.

"예수님 도와주세요"라고 하면 예수님은 모든 일을 끝내시고 하나님 보좌 우편에 앉아 계시기 때문에 재림하실 때나 도와주실 것처럼 느껴집니다. 그러면 우리를 도와주실 분이 누굽니까?

지금은 각 사람에게 성령님이 오셨습니다.

"성령님, 도와주세요"라고 도움을 구해야 합니다.

언제 도움을 구해야 될까요? 바로 지금이며 순간마다 도움을 구해야 합니다. "성령님, 도와주세요"라고 부탁하십시오.

어제 한 아이가 내게 말했습니다.

"아빠, 우리 회사 직원이 코로나 양성 걸렸어. 어떻게 하면 돼?"

"괜찮아, 성령님께 도움을 구하면 돼."

나는 항상 "성령님, 도와주세요. 어떻게 하면 될까요?"라고 묻습니다. 한 성도님이 내게 말했습니다. "김열방 목사님, 우리 아들이 코로나 바이러스 양성 걸렸어요. 어떻게 하면 좋아요?"

나는 똑같은 말을 합니다. "성령님께 도움을 구하세요."

'환난'이라는 놈이 싹 들어오려고 하면 "성령님, 도와주세요"라고 부탁하면 됩니다. 우리에게는 도움을 구할 수 있는 온 우주에서 가장 막강하신 성령 하나님이 함께 계십니다. "환난을 이길 수 있게 해주세요"라고 도움을 구하면 그분이 홍수처럼 오셔서 도우십니다.

환난 중에 가장 큰 환난이 무엇일까요? 죄입니다.

하나님이 가인에게 말씀하셨습니다.

"죄가 와서 문 앞에 엎드린다. 너는 그 죄를 다스려라."

옛날에는 성문이 앞으로 열리지 않고 위로 열렸습니다.

아래서 위로 성문이 조금 열리면 적군이 밑으로 들어왔습니다.

"죄가 문에 엎드린다"는 것은 죄가 문 앞에 가만히 엎드리고 있다가 문이 위로 쓰윽 올라가면 싹 들어오는 것입니다. 그런데 하나님이 가인에게 뭐라고 말씀하셨습니까? "너는 죄를 다스릴지니라."

하지만 가인은 죄를 다스릴 수 있는 힘이 없었습니다.

왜 그럴까요? 죄를 다스리려면 '의의 힘'이 있어야 되는데 가인에게는 그런 힘이 없었던 것입니다. 죄를 짓기 이전에 하나님은 가인에게 의의 힘을 주셨습니다. 아벨에게도 똑같은 힘을 주셨습니다.

하지만 가인은 의의 힘을 짓밟았습니다. 의의 힘은 '하나님의 은혜인 언약의 피를 믿는 믿음'입니다. 가인은 언약의 피를 믿는 믿음으로 제사하지 않았고 동생 아벨은 '그 믿음'으로 제사했습니다.

그러면 그 믿음이 무엇일까요? 무슨 믿음입니까? 먼저는 '하나님이 계신다는 믿음'입니다. 또 하나는 '상 주신다는 믿음'입니다.

"믿음이 없이는 하나님을 기쁘시게 하지 못하나니 하나님께 나아가는 자는 반드시 그가 계신 것과 또한 그가 자기를 찾는 자들에게 상 주시는 이심을 믿어야 할지니라"고 했습니다. 우리는 "하나님이 계시는구나. 하나님께 기도하면 응답으로 상을 주시는구나"라는 사실을 믿어야 합니다. 당신은 이 두 가지를 믿는 믿음이 있습니까?

한 가지만 믿지 말고 두 가지를 다 믿으십시오.

믿음의 주요 온전케 하시는 예수를 바라보라고 했습니다.

당신은 무엇을 믿습니까? 하나님의 은혜를 믿어야 합니다.

아벨은 하나님의 은혜를 믿었습니다. 하나님이 아담에게 알려 주신 속죄 제사 방식을 그대로 배우고 인정하고 그것을 믿는 믿음으로 제사를 지낸 것입니다. 하지만 가인은 하나님의 은혜를 인정하지 않았습니다. 하나님의 어린 양을 통해 흘리신 땀과 피와 눈물을 인정하지 않고 자기 육체의 땀과 피와 눈물을 내세우면서 곡물을 가지고 제사를 지냈는데 거절당한 것입니다. 그는 분노했습니다.

"하나님, 왜 내 제사를 안 받으십니까? 내 존재 곧 내 피와 땀과 눈물이 짓밟혔습니다. 나는 완전히 거절당하고 무시당했습니다."

가인은 결심했습니다. "저 아벨을 쳐 죽이자." 가인은 하나님 앞에서 자기 존재 가치가 사라진 것처럼 느꼈습니다.

하나님은 자기를 존중하는 자를 존중하시고 자기를 경멸하는 자를 경멸하십니다. 하나님이 가인을 짓밟았습니까? 아닙니다. 가인이 먼저 하나님을 은혜를 짓밟았던 것입니다. 가인은 하나님의 언약을 짓밟았습니다. 하나님의 길을 짓밟았습니다. 스스로가 하나님의 은혜에서 떨어졌습니다. 하나님이 떨군 게 아닙니다. 가인 스스로가 하나님의 피와 눈물과 땀을 짓밟았기 때문에 떨어져 나간 것입니다. 그러면서 그는 하나님과 아벨의 존재를 미워했습니다.

하나님의 피와 땀과 눈물은 무엇일까요?

한 짐승을 잡아 제물로 잡아 죽이는 것이었습니다.

구약을 읽다 보면 수많은 제사 장면을 봅니다. 창세기부터 양이 자꾸 피 흘리며 죽습니다. 당신은 그걸 보면서 어떤 생각을 합니까?

"양이 죽었네. 양 한 마리 30만 원이면 도대체 양을 몇 마리 드려야 돼. 양을 천 마리 드려야 되나? 얼마나 깨끗한 걸 드려야 되나? 하나님은 왜 비싼 양고기를 좋아하시나? 불쌍한 양들."

그런 의미가 아닙니다. 하나님은 이스라엘 백성들에게 말씀하셨습니다. "너희가 내게 눈 먼 양, 절뚝거리는 양을 드렸다. 너희가 그런 예물을 드렸기 때문에 저주 받았다. 하나님께로 돌아오라."

어떻게 해야 하나님께로 돌아가는 것이 될까요? 사람들은 말합니다. "가장 좋은 양을 제물로 드려야 해. 더 정성을 들여야 해."

그렇지 않습니다. 어린양을 통해 흘리신 하나님의 피와 땀과 눈물을 짓밟고 제사를 지내는 그들의 '믿지 않는 마음'을 말씀하신 것입니다. 제사는 하나님이 그분의 백성들을 위해 행하신 일 곧 속죄의 은혜를 존중하고 감사하며 기념하는 중대한 예식입니다.

"어차피 다 죽이고 불태울 건데 아무거나 드리면 되지 뭐."

그것은 하나님이 베푸신 은혜를 기념하는 태도가 아닙니다.

하나님은 자기 품속에 있는 하나님의 어린양 예수 그리스도를 이 땅에 인간의 몸을 입고 내보내셨습니다. 그 예수를 십자가에 매달아서 피를 흘리고 땀을 흘리고 눈물을 흘려서 제물로 만들어 죽게 한 그 은혜가 얼마나 크고 감사한지를 알고 기념해야 합니다.

지금도 유대인 랍비들은 '이사야 53장'을 읽지 말라고 합니다.

자기들끼리 메시야의 고난을 거부하는 것입니다.

그런 율법주의 유대인들을 떠받들지 말아야 합니다.

물론 예수님도 유대인이셨습니다. 하나님은 유대인들을 특별히 선택하셨고 사랑하십니다. 우리는 하나님이 귀히 여기시는 유대인들을 불쌍히 여기고 그들에게 예수 그리스도 복음을 전해야 합니다.

또한 하나님이 성경에서 "이스라엘을 축복하라"고 했으니까 그들을 축복해야 합니다. 유대인들을 절대로 저주하면 안 됩니다. 하지만 유대인들을 너무 떠받드는 것은 좋지 않습니다. 왜일까요?

그들은 예수님을 메시아로 믿지 않습니다. 물론 지금은 믿는 사람들이 많이 생겼고 날마다 수백 명이 예수를 믿고 돌아오고 있지만 아직도 많은 유대인들이 성육신하신 그리스도, 인자로 와서 그들 대신 고난 받으신 예수 그리스도를 구주로 믿지 않습니다.

우리는 십자가만 보면 눈물을 흘립니다.

"예수님이 우리 대신 죽으셨다."

하지만 유대인들은 십자가를 혐오하고 싫어합니다.

그들에게 찾아가서 복음을 전하고, 그들을 위해 축복하고, 그들을 불쌍히 여기고, 그들을 도와주고, 그런 건 좋지만 유대인들을 대단한 민족이라고 너무 떠받들지는 말아야 합니다. 유대인들이 하는 교육 프로그램을 교회에 가져와서 가르치면 안 됩니다.

유대 랍비를 초청해서 강연하게 하는 교회가 있습니다.

제대로 된 랍비라면 절대로 교회에서 강연하지 않습니다.

그들은 지금도 오실 그리스도를 기다리고 있습니다. 하나님의 은혜를 인정하지 않는 것입니다. 하나님의 땀과 피와 눈물의 결정체인 어린 양 예수 그리스도를 인정하지 않는 것입니다. 유대인들은 정말 불쌍한 사람들입니다. 그런데 이방인인 우리에게 하나님께서 복음을 깨닫게 하셔서 예배하게 하시니 얼마나 감사합니까?

우리는 접붙인 가지인데, 하나님께서 접붙인 가지인 우리를 구원하셨으니 원 가지인 유대인들을 구원하시지 않겠습니까? 하나님께서 그들을 불쌍히 여기시고 때가 되면 다 구원하실 것입니다. "그리하여 온 이스라엘이 구원을 받으리라"(롬 11:26)고 했습니다. 원 가지인 이스라엘의 구원을 위해 기도하고 축복하십시오.

우리는 하나님의 은혜를 존중해야 됩니다. 하나님의 은혜를 인정해야 됩니다. 존중하고 인정한다는 말을 한마디로 줄이면 '믿는다'는 말입니다. 그래서 "예수를 믿으면 구원 받는다"는 것입니다.

믿기만 하면 되나요? 그렇습니다. 믿기만 하면 됩니다.

"누구든지 주의 이름을 부르는 자는 구원을 받으리라."

"의인이 믿음으로 살리라. 믿음으로 믿음에 이르게 한다."

"믿음이 없이는 하나님을 기쁘시게 할 수 없다."

"예수 이름을 믿으면 죄 사함을 받고 구원을 얻는다."

당신은 믿음으로 구원받는다는 것에 대해 어떻게 생각합니까?

"믿기만 하면 구원받는다는 말이 너무 쉽지 않나요? 너무 가볍지 않나요? 너무 가치 없고 염치없는 공짜 싸구려 구원 아닌가요?"

결코 아닙니다. 이것은 하나님의 어린양 예수 그리스도의 피와 땀과 눈물을 인정하고 존중하고 그것을 의지한다는 것입니다.

믿는 것이 곧 하나님을 경외하는 것입니다.

유대인들은 나름대로 율법을 읽고 암송하고 실천하며 하나님을 경외한다고 하지만 하나님은 예수 그리스도를 통해 개혁을 일으키고 새로운 시대를 여셨습니다. "이 장막은 현재까지의 비유니 이에 따라 드리는 예물과 제사는 섬기는 자를 그 양심상 온전하게 할 수 없나니 이런 것은 먹고 마시는 것과 여러 가지 씻는 것과 함께 육체의 예법일 뿐이며 '개혁'할 때까지 맡겨 둔 것이니라. 그리스도께서는 장래 좋은 일의 대제사장으로 오사 손으로 짓지 아니한 것 곧 이 창조에 속하지 아니한 더 크고 온전한 장막으로 말미암아 염소와 송아지의 피로 하지 아니하고 오직 자기의 피로 영원한 속죄를 이루사 단번에 성소에 들어가셨느니라."(히 9:9~12)

유대인들은 통곡의 벽에서 울면서 기도하는 것이 하나님을 경외하는 것이며 창세기, 출애굽기, 레위기, 민수기, 신명기 등 모세오경을 다 외우는 것이 하나님을 경외하는 것이라고 생각합니다.

아닙니다. 그런 것들은 하나님이 율법으로 주신 것입니다. 율법 이전에 하나님의 마음이 있습니다. 하나님의 마음은 하나님의 품속에 있는 예수 그리스도를 우리 대신 나무에 매달아 죽이시는 것입니다. 이것이 곧 은혜요 복음이요 믿음이요 하나님의 길입니다.

나는 서울목자교회에서 강해 설교를 하고 있습니다. 주일마다 창세기 1장부터 한 장씩 풀어서 가르쳤습니다. 출애굽기, 레위기, 민수기 신명기, 계속 하다가 지금은 로마서를 강해하고 있습니다.

어떤 분은 내게 예수님 이야기를 하지 말라고 했습니다.

"김열방 목사님, 창세기 강해하면서 예수님 이야기하지 마세요. 출애굽기 강해하면서 예수님 이야기하지 마세요. 레위기, 민수기, 신명기 강해하면서 예수님 이야기하지 마세요. 구약에서는 그냥 여호와 하나님만 이야기하세요. 그리고 신약으로 와서 마태복음에서는 하나님 이야기하지 말고 예수님 이야기만 하세요. 사도행전 이후로부터는 성령님이 등장하니까 성령님과 사도 바울에 대한 이야기만 하고 예수님이나 하나님 이야기는 하지 마세요."

아닙니다. 창세기 1장부터 삼위일체 하나님이 다 등장합니다.

"태초에 하나님이 천지를 창조하시니라." 여기에 창조주 하나님 곧 성부 하나님이 나옵니다. 그분이 우리의 아버지이십니다.

"땅이 혼돈하고 공허하며 흑암이 깊음 위에 있고 하나님의 신은 수면 위에 운행하시니라." 여기에 하나님의 영, 성령이 나옵니다.

"하나님이 가라사대"라고 했는데 여기에 '말씀이신 예수님'이 나옵니다. 그래서 요한복음 1장에 "말씀이 육신이 되어 우리 가운데 거하시매 우리가 그 영광을 보니 아버지 독생자 영광이요 은혜와 진리가 충만하더라. 이 말씀이 아버지와 함께 있었고 말씀이 아버지와 함께 만물을 창조했다"고 한 것입니다. 이해되십니까?

그렇다면 성경 66권 전부를 통해 누구를 이야기해야 됩니까?

예수님 이야기를 해야 합니다. 성경은 예수로 시작해서 예수로 끝납니다. 부산에서 한 목사님이 내게 이런 말을 했습니다.

"김열방 목사님, 제가 신학교에서 배운 대로 자꾸 설교하니까 성도들이 싫어해요. 그동안 신학교에 다니면서 배운 구속사적인 설교를 하며 성경 전체를 통해 예수님에 대해 이야기했는데, 아무래도 우리 교회는 그게 아닌 것 같아요. 신학교에서는 성경을 펴면 어떤 본문이든지 전부 예수님에 대해서만 이야기하라고 했는데 제가 그렇게 해보니까 주일마다 설교가 다 똑같고 별로 재미가 없는 것 같아서 더 이상 그렇게 안 하기로 했습니다. 저는 구속사적인 설교, 예수님 중심의 설교를 안 하기로 했습니다."

"그래요? 목사님은 누구의 종인가요? 은혜의 복음을 전하지 않으면 마지막 날에 목사님이 섬기는 교회의 교인들이 목사님을 심판하지 않고 목사님을 세우신 주님이 목사님을 심판하실 것입니다."

"성경에는 예수님 말고도 많은 인물이 등장하지 않나요?"

"저는 그렇게 생각하지 않습니다. 저는 창세기, 출애굽기, 레위기, 민수기, 신명기, 시편, 잠언, 전도서, 말라기 등 성경 어디를 펴든지 전부 예수님에 대해서만 이야기합니다. 저는 성경을 보면 예수님 밖에 안 보입니다. 성경의 주인공은 예수님이십니다."

예수님이 말씀하셨습니다.

"너희가 성경에서 영생을 얻는 줄 생각하고 성경을 연구하거니와 이 성경이 곧 내게 대하여 증언하는 것이니라. 그러나 너희가 영생을 얻기 위하여 내게 오기를 원하지 아니하는도다. 나는 사람에게서 영광을 취하지 아니하노라."(요 5:39~41)

성경은 창세기부터 요한계시록까지 오직 예수 그리스도에 대해서 말하고 있는 것입니다. 그러니 당신이 내 설교를 들으면 오직 예수님, 내 책을 읽으면 오직 예수님 이야기 밖에 없다는 것을 알게 될 것입니다. 내 설교를 듣고 내 책을 읽은 사람들이 말합니다.

"김열방 목사님은 책마다 예수님 이야기만 해."

"김열방 목사님은 설교할 때마다 예수님 이야기만 해."

"김열방 목사님은 기도해 달라며 문자를 보내면 '예수님만 바라보고 예수님만 사랑하세요'라며 항상 똑같은 대답만 하셔."

그게 답입니다. 예수 그리스도가 우리 인생의 답이고 우리 인생의 길이고 우리 인생의 전부인 것입니다. 나는 그들에게 말합니다.

"서울목자교회에 와서 예수님 이야기를 들으니까 얼마나 좋아요. 제가 예수님 이야기 안 하고 딴 이야기하면 좋겠어요?"

어떤 사람은 이렇게 말하기도 합니다.

"김열방 목사님은 예수님 이야기 밖에 안 해. 지루해."

그게 지루합니까? 나는 안 지루합니다. 예수님은 하나님이 나를 위해 보내신 그분의 어린양이고, 하나님이 인간의 몸을 입고 이 땅에 오신 것이고, 하나님의 사랑의 표현의 결정체입니다.

로마서 5장 6~10절에는 하나님의 뜨거운 사랑에 대해 '예수님의 피와 십자가'로 설명합니다. "우리가 아직 연약할 때에 기약대로 그리스도께서 경건하지 않은 자를 위하여 죽으셨도다. 의인을 위하여 죽는 자가 쉽지 않고 선인을 위하여 용감히 죽는 자가 혹 있거니와 우리가 아직 죄인 되었을 때에 그리스도께서 우리를 위하여 죽으심으로 하나님께서 우리에 대한 자기의 사랑을 확증하셨느니라. 그러면 이제 우리가 '그의 피로 말미암아 의롭다 하심을 받았으니' 더욱 그로 말미암아 진노하심에서 구원을 받을 것이니 곧 우리가 원수 되었을 때에 '그의 아들의 죽으심으로 말미암아 하나님과 화목하게 되었은즉' 화목하게 된 자로서는 더욱 그의 살아나심으로 말미암아 구원을 받을 것이니라."

우리가 연약할 때에 예수님이 우리 대신 죽으셨습니다.

이 얼마나 감사합니까? 평생 이 은혜를 믿고 전해야 합니다.

예수님의 보혈과 예수님의 십자가를 찬양합시다.

성령님, 예수님만 나타내게 해주세요

당신은 사람들에게 무엇을 나타냅니까?

세상에서 조금 성공했다고 가진 돈, 명예, 권세, 건물, 학벌, 숫자, 사람, 사상을 나타내려고 애쓰지 말고 오직 나를 구원하신 예수님만 나타내야 합니다. 모든 사람은 예수님을 알고 싶어 합니다.

나는 20살 때 길을 걷다가 성령을 체험하고 변화되었습니다.

그때 나는 도서관에서 공부하다가 수요일 밤이 되면 가까운 교회에 예배하러 갔습니다. 나는 예배를 통해 예수님을 너무나 알고 싶은데 그 교회 목사님은 예수님 이야기를 안 했습니다. 철학 이야기, 교리 이야기, 신학 이야기, 원어 이야기, 뉴스 이야기만 했습니다.

잡다한 뉴스를 들으려면 텔레비전이나 신문, 잡지를 보면 됩니다. 그런데 목사님은 금방 접한 잡 뉴스를 대단한 뉴스인 양 강단에서 다시 전했습니다. 목사님은 꼭 해외에 파견된 뉴스 특파원 같았습니다. 이미 모든 성도들이 알고 있는 뉴스 내용을 혼자만 알고 있는 것처럼 신이 나서 마이크를 쥐고 떠들었습니다. 따끈따끈한 정치 이야기, 연예인 이야기를 끝도 없이 늘어놓았습니다. 물론 정치인이나 연예인이 예수님을 믿고 변화되고 깨어졌으면 그 사람 이야기를 간증으로 할 수 있습니다. 하지만 그런 내용이 아닌데 기사화된 재밌는 이야기, 웃기는 이야기, 엄청 슬픈 이야기, 각종 사건 사고 이야기를 해서 하나님께 예배하러 모인 성도들의 마음에 감동을 주려고 애쓰는 모습이 안쓰러웠습니다. 나는 그때 결심했습니다.

"나는 주의 종이 되면 오직 예수님 이야기만 하겠다."

그런 내가 막상 주의 종이 되어 강단에 서니 나도 가끔 그런 잡 뉴스를 떠들고 있었습니다. 왜 그런 걸까요? 성령님의 인도하심을 받지 못해서 그런 것입니다. 날마다 내 몸을 쳐서 복종시키고 오직 성령님의 인도하심을 따라 설교해야 하는데 그렇지 못한 나를 보면서 회개하고 다시 결심하곤 했지만 그래도 잘 안되었습니다.

이제는 그 방법을 압니다. 무엇일까요?

매일 아침 성령님께 도움을 구하면 된다는 것입니다.

나는 아침에 눈을 뜨면 성령님께 입을 열고 부탁했습니다.

"성령님, 제가 예수님만 나타내게 해주세요."

그리고 난 다음부터는 잡 뉴스를 떠들지 않게 되었습니다.

어떤 사람을 만나든지, 어떤 모임에 가든지, 어떤 문자를 보내든지, 어떤 글을 올리든지 오직 예수님만 나타내게 되었습니다.

성령님께 구체적으로 도움을 구하라

당신은 남을 비판, 판단, 정죄, 심판하지 않습니까?

그렇게 비판하는 당신이 그런 일을 하고 있지는 않습니까?

"그러므로 남을 판단하는 사람아, 누구를 막론하고 네가 핑계하지 못할 것은 남을 판단하는 것으로 네가 너를 정죄함이니 판단하는 네가 같은 일을 행함이니라."(롬 2:1)

나는 인터넷에서 잡다한 뉴스를 링크해서 카카오톡으로 퍼 나르는 것을 정말 싫어합니다. '어, 이 사람이 왜 이런 내용을 내게 퍼 나르지? 내가 이런 충격적인 내용의 기사를 봐야 하나?' 그래서 나는 그런 사람이 있으면 너무 싫어서 가차 없이 차단하곤 했습니다.

그런데 어느 날 내가 그런 짓을 하고 있었습니다. 왜 그럴까요?

내 마음이 미혹된 것입니다. 남을 판단하는 내가 그런 행동이 전염되어 똑같은 짓을 다른 사람에게 매일 하고 있었던 것입니다.

나는 놀라서 성령님께 도움을 구하기 시작했습니다.

"성령님, 제가 잡 뉴스를 퍼 나르지 않게 해주세요."

그렇게 며칠 도움을 구하자 그런 습관이 끊어졌습니다.

많은 사람들이 내게 술, 담배, 마약, 음란, 도박, 난폭 운전, 주식 단타, 각종 중독, 예배 지각과 결석 등 잘못된 습관을 어떻게 끊을 수 있냐고 물어 옵니다. 그러면 나는 아주 간단하고 쉽다며 그 방법을 말해 줍니다. "성령님께 구체적으로 도움을 구하세요."

어떻게 도움을 구해야 할까요? 이렇게 말씀드리면 됩니다.

"성령님, 술을 끊게 해주세요."

"성령님, 담배를 끊게 해주세요."

"성령님, 마약을 끊게 해주세요."

"성령님, 음란을 끊게 해주세요."

"성령님, 도박을 끊게 해주세요."

"성령님, 난폭 운전을 하지 않게 해주세요."

"성령님, 점치듯이 주식 단타 하지 않게 해주세요."

"성령님, 오늘도 가만 두고 중독되지 않게 해주세요."

"성령님, 예배에 지각, 결석하지 않게 해주세요."

"성령님, 설교 시간에 졸지 않게 해주세요."

"성령님, 기분 상하지 않게 해주세요."

그렇게 매일 아침에 눈을 뜰 때마다 한 마디씩 중얼거리며 성령님께 도움을 구하면 성령님께서 초자연적인 임재와 지혜와 능력을 주시므로 완전히 끊게 해주십니다. 성령님은 당신의 모든 연약한 부분을 기꺼이 도우시며 당신이 거룩한 삶을 살게 해주십니다.

'왜 내 힘으로 이 문제가 해결 안 되는 걸까?' 하고 수십 년을 그 문제와 싸우고 또 각종 중독에 빠져 오랜 세월 고민하던 문제가 성령님께 구체적으로 도움을 구하면 며칠 내로 완전히 해결됩니다.

당신 자신의 결심과 육체의 연약함을 의지하지 말고 가장 큰 힘과 지혜를 가지신 성령님을 의지하십시오. 성령님은 당신을 친절하게 이끌어 주시고 완벽하게 그 문제를 해결하도록 도와주십니다.

성령님은 온 우주에서 가장 품위 있는 분이십니다. 그러한 성령님을 사귀며 그분과 친밀하게 지내면 당신도 품위 있는 사람이 됩니다. 무엇보다 성령님께 기도하는 일과 말씀 사역에 힘쓰게 해 달라고 도움을 구하십시오. 나는 성령님께 도움을 구합니다.

"성령님, 일곱 시간 기도하게 해주세요."

일곱 시간이 아니어도 됩니다. 3분, 10분, 30분, 3시간, 7시간 등 성령님이 당신에게 얼마를 기도하라고 부르시는 분량이 있습니다. '아들아, 너는 한 시간 정도 기도하면 좋겠다'고 하시면 그 시간을 기도하게 해 달라고 도움을 구하면 그렇게 하게 해주십니다.

사람마다 다릅니다. 10분이든, 3시간이든, 7시간이든 '당신을 향한 기도에의 부르심'에 응답하십시오. 기도는 영의 일이기 때문에 내 힘으로 할 수 없습니다. 내 힘으로 기도하겠다고 결단하고 밀어붙이면 육체의 행위 곧 '억지로 시간 채우기 기도'가 될 수도 있습니다. 기도는 성령의 나타남 곧 생수의 강을 따라 강물이 흐르듯이 해야 합니다. 그렇게 하려면 성령님께 도움을 구해야 합니다.

나와 아내는 '기도에의 부르심'에 따라 매일 오래 기도합니다.

오전에도 각자 기도하지만 오후에는 함께 교회에 가서 2시간 정도 기도합니다. 기도하면서 성령님과 함께 보내는 그 시간이 무척 행복하고 즐겁습니다. 당신도 오래 기도하고 싶은가요? 쉽습니다.

성령님이 먼저 당신에게 10분, 30분, 한 시간 등 어느 정도 기도하라는 '기도에의 부르심'을 주십니다. 그 부르심에 따라 "성령님, 0시간 기도하게 해주세요"라고 도움을 구하면 성령님이 생수의 강을 따라 행복한 마음으로 기도하게 해주십니다. 한적한 곳에 가서 오래 기도하신 예수님처럼 성령님과 함께 기도에 푹 젖어 드십시오.

그리고 매일 전도할 문을 열어 달라고 성령님께 구하십시오.

성령님은 당신으로 하여금 예수의 증인이 되게 하시려고 큰 권능을 가지고 오신 분입니다. 성령님께 이렇게 말씀드리십시오.

"성령님, 오늘도 전도할 문을 열어 주세요."

"성령님, 복음을 전하기 위해 모든 사람을 만나게 해주세요."

"성령님, 빌립처럼 하나님의 나라와 및 예수 그리스도의 이름에 관하여 전도하게 해주세요."

기도하고 전도하는 일에 힘쓰는 것이 가장 품위 있는 일입니다.

초대교회 사도들은 이 두 가지만 하겠다고 결단했습니다.

"우리는 오로지 기도하는 일과 말씀 사역에 힘쓰리라."(행 6:4)

전도는 영혼이 구원받는 유일한 방법이다

당신은 전도하고 있습니까? 나는 매일 전도합니다.

전도는 하나님의 마음을 사람들에게 전하는 것입니다.

하나님의 마음은 무엇일까요? 모든 사람이 구원을 받으며 진리를 아는 데에 이르는 것입니다. 디모데전서 2장 4절에 "하나님은 모든 사람이 구원을 받으며 진리를 아는 데에 이르기를 원하시느니라"고 했습니다. 하나님은 한 사람도 멸망하기를 원치 않으십니다.

모든 사람이 구원을 받으며 진리를 아는 데에 이르려면 어떻게 해야 할까요? 단 한 가지 방법 밖에 없는데 곧 '전도'입니다.

하나님은 우주를 광대하게 만드셨고 셀 수 없는 별들로 채우셨습니다. 지구를 아름답게 만드시고 만물로 채우셨지만 구원 문제에 대해서는 아주 단순하신 분입니다. 그분은 사람을 구원하기 위해 일만 가지 방법을 만들지 않았고 오직 한 가지만 만드셨습니다.

왜 일까요? 일만 가지 방법으로는 단 한 명도 구원을 얻지 못하기 때문입니다. 일만 스승이 일만 가지를 방법을 고안해서 사람들에게 가르쳐도 단 한 명도 구원을 얻지 못합니다. 바울은 오직 복음을 전함으로만 영혼 구원이 가능하다고 말했습니다. "그리스도 안에서 일만 스승이 있으되 아버지는 많지 아니하니 그리스도 예수 안에서 내가 복음으로써 너희를 낳았음이라."(고전 4:15)

사람이 죄를 사함 받고 성령으로 거듭나 하나님의 자녀가 되는 '구원의 길'은 오직 한 가지뿐입니다. 예수를 믿는 것입니다. 온갖 고행과 도를 닦음, 선행과 구제와 율법 행위, 천천만만의 황소와 염소와 수송아지를 드리는 제사를 통해서는 구원 받지 못합니다. 하나님의 어린 양 예수 그리스도가 우리의 모든 죄를 지고 십자가에서 피와 물을 쏟으며 죽으셨다는 것을 믿음으로만 구원받습니다.

"하나님의 아들 예수 그리스도가 우리 대신 피와 물을 쏟으시고 십자가에 달려 억만 가지 죗값을 다 지불하며 '다 이루었다'고 외치고 죽으셨다. 그분은 죽은 지 사흘 만에 부활하셨다"는 이 은혜의 복음을 '예수 이름'에 담았습니다. 그리고 "예수 이름을 전하라, 예수 이름을 믿기만 하면 구원을 받는다"고 하셨습니다. 그러므로 사람의 죄를 사함 받고 구원 받는 길은 오직 예수 이름을 믿는 것뿐입니다. 이 방법 외에 하나님은 다른 방법을 만들지 않으셨습니다.

베드로가 사도행전 4장 12절에 외쳤습니다.

"다른 이로써는 구원을 받을 수 없나니 천하 사람 중에 구원을 받을 만한 다른 이름을 우리에게 주신 일이 없음이라 하였더라."

전도는 교회가 성장하는 유일한 방법이다

우리가 복음을 전할 때 사람들의 영혼이 구원을 받습니다.

구원 받은 사람들이 '예수 이름'으로 모인 곳이 바로 교회입니다.

그러므로 교회가 세워지는 것도 전도를 통해서, 교회가 성장하고 부흥하는 것도 오직 전도를 통해서만 가능합니다. 교회가 성장한다는 말은 단순히 대형 교회를 세운다는 말이 아니라 구원 받는 사람들의 숫자가 더해진다는 말입니다. 구원 받는 사람들의 숫자가 더해져서 앉을 자리가 없으면 더 큰 건물이 필요해집니다. '교회 성장'

과 '성전 건축'과 '세계 선교'는 오직 전도를 통해서만 가능합니다.

"주께서 구원 받는 사람을 날마다 더하게 하시니라."(행 2:47)

베드로가 전도하자 3천명, 5천 명, 수만 명의 사람들이 예수를 구주로 믿게 되었습니다. 매일 모여서 방언을 말하거나 병 고침 받고 귀신이 떠나가는 표적이 성령님이 오신 주된 목적이 아닙니다.

그런 병 고침과 귀신 쫓음, 방언과 예언, 그 외에 모든 권능은 전도를 위해 주어지는 것입니다. 예수님은 "너희가 온 천하에 다니며 만민에게 복음을 전파하라. 그러면 표적과 기사가 따른다"고 하셨습니다.(막 16:15~20) 성령님은 전도를 위해 오셨습니다.

당신의 교회는 전도하고 있습니까? 교회 부흥은 오직 전도를 통해서만 일어납니다. 아무리 수십 년간 부흥을 달라고 울며 부르짖어도 교회는 절대로 부흥하지 않습니다. 내가 중학교 시절에 다녔던 교회는 예배당 앞 강단에 긴 현수막이 붙어 있었습니다. 거기에는 "이 수년 내에 부흥하게 하옵소서!"(합 3:2)가 적혀 있었습니다.

그 현수막은 10년이 넘도록 붙어 있었지만 그 교회는 그동안 한 번도 부흥이 일어나지 않았습니다. 급기야 담임 목사님은 신비한 능력을 행하는 강사를 초청해서 부흥회를 열었습니다. 사람들이 강사의 손에서 나오는 능력에 밀려 예배당 벽에 철썩 붙고 또 많은 사람들이 울며 입신하고 천국을 들락거렸지만 부흥은 없었습니다. 그 후에 성경을 통달한다는 강사를 초청해서 하루 종일 말씀 사경회를 열었지만 부흥은 없었습니다. 왜일까요? 성령님은 오직 전도를 통해서만 부흥을 주시는데 아무도 전도하지 않았기 때문입니다.

오늘날 많은 교회와 목사님들이 '예수'만 빼고 다 전하고 많은 교회들이 '전도'만 빼고 다 합니다. 그에 비해 일곱 집사 중에 하나였던 빌립은 집사였는데 하나님의 나라와 및 예수 그리스도의 이름에 관하여 전한 전도자였고 오직 전도에만 힘썼습니다. 그를 통해 사마리아 성에 큰 부흥이 일어났고 구스 내시가 구원을 받았습니다.

"교회가 성장하고 부흥하는 유일한 방법은 전도다."

다른 방법으로는 교회 성장이나 부흥이 없습니다. 하나님은 교회를 성장시키는 단 한 가지 방법만 주셨습니다. 그것이 바로 전도입니다. 성령님이 권능을 갖고 오신 목적도 단 한 가지 곧 전도입니다.

"오직 성령이 너희에게 임하시면 너희가 권능을 받고 예루살렘과 온 유대와 사마리아와 땅 끝까지 이르러 내 증인이 되리라."(행 1:8)

가장 귀한 일은 전도하는 일입니다. 오직 전도를 통해서만 영혼이 구원 받습니다. 모든 사람에게 모든 방법으로 전도해야 합니다. 전도는 가장 치열한 영적 전쟁이므로 '강압작전'을 써야 합니다.

첫째, 강권 전도, 강권해서 하나님의 집을 채워야 합니다. 일어나 밖으로 나가서 사람을 강권하여 데려다가 하나님의 집인 교회를 채워야 합니다. 강권은 '상대방에게 필요성을 인식시키면서 간곡하게 설득하다'는 뜻입니다. "주인이 종에게 이르되 길과 산울타리 가로 나가서 사람을 강권하여 데려다가 내 집을 채우라."(눅 14:23)

둘째, 압박 전도, 압박당하지 말고 압박하며 전도해야 합니다. 마감 날짜를 정하고 초청하며 계속 압박해야 합니다. "이르시되 어떤 사람이 큰 잔치를 베풀고 많은 사람을 청하였더니 잔치할 시각에 그 청하였던 자들에게 종을 보내어 이르되 오소서 모든 것이 준비되었나이다 하매……."(눅 14:16~17)

셋째, 작정 전도, 작정하고 전도해야 합니다. 주인은 종에게 작정하고 숫자를 채우라고 지시했습니다. 작정하지 않으면 기도하지 않고 헌금하지 않고 전도하지 않게 됩니다. 작정하지 않으면 조금 하다가 포기하게 됩니다. 작정의 힘은 큽니다. "종이 돌아와 주인에게 그대로 고하니 이에 집 주인이 노하여 그 종에게 이르되 빨리 시내의 거리와 골목으로 나가서 가난한 자들과 몸 불편한 자들과 맹인들과 저는 자들을 데려오라 하니라. 종이 이르되 주인이여 명하신 대로 하였으되 아직도 자리가 있나이다."(눅 14:21~22)

넷째, 전부 전도, 전부 전도하겠다고 마음먹고 전도해야 합니다. 전도만이 구원과 교회 성장의 유일한 방법입니다. 다른 이로서는 구원을 얻을 수 없습니다. 전 세계에 70억이 넘는 사람들이 있는데 그들을 구원하기 위해 70억 가지 방법이 있는 것이 아닙니다. 오직 한 가지 방법 곧 전도 외에는 다른 방법이 없습니다.

또한 다른 방법으로는 구원을 얻는 자가 더해지지 않기 때문에 전도하지 않고는 절대로 교회가 성장할 수 없습니다. 전 세계에 수십만 개의 교회와 선교회가 있지만 그 모든 교회와 선교회가 부흥하고 성장하는 방법은 수십만 가지가 아닌 한 가지 곧 전도뿐입니다. 오직 전도를 통해서만 영혼이 구원 받고 교회가 성장합니다.

사도 바울은 말했습니다. "하나님의 지혜에 있어서는 이 세상이 자기 지혜로 하나님을 알지 못하므로 하나님께서 전도의 미련한 것으로 믿는 자들을 구원하시기를 기뻐하셨도다."(고전 1:21)

전도는 영혼을 구원하기 위한 하나님의 유일한 지혜입니다.

당신은 사람들에게 무엇을 전하고 있습니까? 사도 바울처럼 오직 십자가에 못 박힌 그리스도만 전하고 있습니까? 아니면 십자가에 못 박힌 그리스도만 빼고 잡다한 것을 다 전하고 있습니까?

"유대인은 표적을 구하고 헬라인은 지혜를 찾으나 우리는 십자가에 못 박힌 그리스도를 전하니 유대인에게는 거리끼는 것이요 이방인에게는 미련한 것이로되 오직 부르심을 받은 자들에게는 유대인이나 헬라인이나 그리스도는 하나님의 능력이요 하나님의 지혜니라 하나님의 어리석음이 사람보다 지혜롭고 하나님의 약하심이 사람보다 강하니라."(고전 1:22~25)

70억이 넘는 모든 사람들의 지혜를 다 합해도 영혼을 구원할 수 있는 방법, 교회를 성장시킬 수 있는 방법을 알아낼 수 없습니다.

이것은 오직 하나님의 능력과 하나님의 지혜로만 가능합니다.

하나님의 능력과 지혜는 70억 가지가 아닌 한 가지입니다.

하나님의 능력은 '복음'이고 하나님의 지혜는 '전도'입니다. 이것을 합하면 '복음 전도'입니다. "내가 복음을 부끄러워하지 아니하노니 이 복음은 모든 믿는 자에게 구원을 주시는 하나님의 능력이 됨이라."(롬 1:16) 복음은 모든 사람을 구원하는 하나님의 유일한 능력이고 전도는 모든 사람을 구원하는 하나님의 유일한 지혜입니다.

우리는 성령님과 함께 다니며 모든 사람에게 십자가에 못 박힌 그리스도를 전하며 영혼을 전도하고 인도하고 양육해야 합니다.

하나님이 가장 기뻐하시는 일은 잃은 양 한 마리를 찾아 우리에 넣는 것입니다. 이미 우리 안에 있는 아흔아홉 마리의 양을 세면서 만족해서는 안 됩니다. 우리 밖에 있는 한 마리 잃은 양을 위해 기도하며 찾아 나서야 합니다. 찾기까지 찾아야 합니다.

예수님이 말씀하셨습니다. "너희 중에 어떤 사람이 양 백 마리가 있는데 그 중의 하나를 잃으면 아흔아홉 마리를 들에 두고 그 잃은 것을 찾아내기까지 찾아다니지 아니하겠느냐?"(눅 15:4)

사도 바울은 디모데에게 강력하게 명령했습니다.

"너는 전도자의 일을 하며 네 직무를 다하라."(딤후 4:5)

전도는 내 힘으로 안 됩니다. 오직 성령의 힘으로 됩니다. 그러므로 매일 아침에 일어나면 이렇게 말씀드리며 성령님께 도움을 구해야 합니다. 그러면 영혼을 전도하고 인도하는 문이 열리게 됩니다.

"성령님, 오늘도 전도하고 인도하게 해주세요."

나는 하루 종일 행복만 생각한다

품위 있는 사람은 하루 종일 무엇을 생각할까요?

오직 성령 안에서 의와 평강과 희락만 생각합니다.

"하나님의 나라는 먹는 것과 마시는 것이 아니요 오직 성령 안에서 의와 평강과 희락이라."(롬 14:17)

나는 내 안에 가장 품위 있는 분이신 예수의 영 성령님을 모시고 있으므로 품위 있는 사람이 되었습니다. 내 안에 한강처럼 철철 흘러넘치고 있는 성령님의 기름 부으심은 품위 있는 기름 부으심입니다. 그런 내가 하루 종일 무엇을 생각하며 살까요? 복음입니다.

나는 그리스도 안에서 완전히 변화된 새로운 피조물이 되었습니다. 그러므로 하루 종일 새로운 피조물다운 생각만 하면서 삽니다.

그것은 곧 의와 성령 충만, 건강과 부요함, 지혜와 평화와 생명에 대한 생각입니다. 그와 반대되는 생각은 하지 않고 무시합니다.

우리를 향한 하나님의 생각은 도대체 어떤 것일까요?

예레미야 29장 11절에 '평안과 소망'이라고 말씀하고 있습니다.

"나 여호와가 말하노라. 너희를 향한 나의 생각은 내가 아나니 재앙이 아니라 곧 평안이요 너희 장래에 소망을 주려 하는 생각이라."

그렇다면 우리도 하나님과 똑같은 생각을 해야 합니다.

'평안과 소망'에 대한 생각만 해야 하는 것입니다. 그와 반대되는 '징계와 저주'에 대한 생각은 일초도 하지 말아야 합니다.

하나님이 그분의 자녀인 우리에게 얼마나 평안과 소망을 주고 싶으셨으면 우리가 받아야 할 모든 징계와 저주를 독생자 예수님에게 다 지워 십자가에 매달아 벌거벗긴 채로 죽이셨겠습니까?

예수님은 우리에게 비옥한 에덴동산의 삶을 회복시켜 주시기 위해 죄와 목마름, 병과 가난, 어리석음과 징계와 죽음을 다 짊어지고 피와 물을 쏟으며 비참하게 나무에 매달려 죽으셨습니다.

"그는 멸시를 받아서 사람에게 싫어 버린바 되었으며 간고를 많이 겪었으며 질고를 아는 자라. 마치 사람들에게 얼굴을 가리우고 보지 않음을 받는 자 같아서 멸시를 당하였고 우리도 그를 귀히 여기지 아니하였도다. 그는 실로 우리의 질고를 지고 우리의 슬픔을 당하였거늘 우리는 생각하기를 그는 징벌을 받아서 하나님에게 맞으며 고난을 당한다 하였노라. 그가 찔림은 우리의 허물을 인함이요 그가 상함은 우리의 죄악을 인함이라. 그가 징계를 받음으로 우리가 평화를 누리고 그가 채찍에 맞음으로 우리가 나음을 입었도다. 우리는 다 양 같아서 그릇 행하여 각기 제 길로 갔거늘 여호와께서는 우리 무리의 죄악을 그에게 담당시키셨도다. 그가 곤욕을 당하여 괴로울 때에도 그 입을 열지 아니하였음이여, 마치 도수장으로 끌려가는 어린 양과 털 깎는 자 앞에 잠잠한 양 같이 그 입을 열지 아니하였도다. 그가 곤욕과 심문을 당하고 끌려갔으니 그 세대 중에 누가 생각하기를 '그가 산 자의 땅에서 끊어짐은 마땅히 형벌 받을 내 백성의 허물을 인함이라' 하였으리요?"(사 53:3~8)

예수님은 당신 대신 멸시를 받아서 사람에게 싫어 버린바 되었습니다. 예수님은 당신 대신 간고를 많이 겪었으며 당신의 모든 질고로 인한 고통을 다 아시는 분입니다. 예수님은 당신 대신 사람들에게 얼굴을 가리우고 보지 않음을 받는 자 같이 멸시를 당하셨습니다. 사실 당신도 예수님을 귀히 여기지 아니하였습니다. 예수님은 실제로 당신의 질고를 지고 당신의 슬픔을 당하셨습니다. 그런데도 당신은 생각하기를 '예수님은 징벌을 받아서 하나님에게 맞으며 고난을 당한다'고 하였습니다. 예수님이 찔림은 당신의 허물을 인함이고 예수님이 상함은 당신의 죄악을 인함입니다. 예수님이 징계를 받음으로 당신이 평화를 누리고 예수님이 채찍에 맞음으로 당신은 나음을 입었습니다. 당신은 양 같아서 그릇 행하여 제 길로 갔지만 여호와께서는 당신의 죄악을 예수님에게 담당시키셨습니다. 예수님은 곤욕을 당하여 괴로울 때에도 그 입을 열지 아니하셨습니다. 예수님은 마치 도수장으로 끌려가는 어린 양과 털 깎는 자 앞에 잠잠한 양 같이 그 입을 열지 아니하셨습니다. 예수님은 당신 대신 곤욕과 심문을 당하고 끌려가셨습니다. 예수님이 산 자의 땅에서 끊어짐은 마땅히 형벌 받을 당신의 허물을 인함입니다.

당신은 당신의 모든 죄와 목마름, 병과 가난, 어리석음과 징계와 죽음을 완전히 속량하신 예수님에 대해 알고 있습니까? 나는 성령님의 인도하심과 도우심, 가르치심으로 이 사실을 깨닫고 누리기까지 10여년이 걸렸고 그동안 나의 잘못된 고정관념은 깨졌습니다.

모태 신앙이었던 내가 가진 고정 관념이 무엇이었을까요?

"나는 죄인이고 죄를 지을 수밖에 없다. 죄를 짓지 않고 거룩하게 사는 방법은 어디에도 없다. 나는 목마르고 외롭고 고독하고 쓸쓸하고 허전하다. 내가 병들고 연약한 것은 어쩔 수 없는 일이다. 나는 가난하다. 평생 주위 사람들에게 구걸하듯이 후원을 요청하며 살아야 한다. 나는 어리석고 미련하고 둔하다. 하나님은 내게 늘 화가 나 있고 나는 그분의 징계를 받을 것이다. 나는 죽음이 두렵다."

이런 죄와 목마름, 병과 가난, 어리석음과 징계와 죽음을 생각하며 살다가 성령님의 도우심으로 예수님이 십자가에서 다 이룬 복음을 깨닫고 내 마음이 한없이 행복해졌습니다. 날마다 천국입니다.

당신은 어떻습니까? 하루 종일 무엇을 생각합니까?

예수 그리스도의 속량을 통한 하나님의 생각입니까?

아니면 죄와 율법주의 저주를 통한 마귀의 생각입니까?

품위 없는 사람은 하루 종일 '죄목병가어징죽'을 생각합니다.

품위 있는 사람은 하루 종일 '의성건부지평생'을 생각합니다.

의성건부지평생이 무엇일까요? 일곱 가지의 풍성한 은혜입니다.

"나는 그리스도 안에서 새로운 피조물이다. 예수님이 내 죄를 속량하기 위해 십자가에서 피 흘려 죽으셨고 부활하셨다. 하나님의 의이신 예수님이 내 안에 살아 계시므로 나는 의인이다. 나는 의인답게 거룩한 삶을 살 수 있는 의의 힘이 내 안에 가득하다. 예수님이 내 대신 지옥의 목마름을 겪으셨고 내게 영원히 목마르지 않는 샘물을 주셨다. 성령님이 내 안에 생수의 강으로 넘치게 들어와 계신다. 나는 성령 안에서 의와 평강과 희락이 넘치는 사람이다. 예수님이 내 대신 채찍에 맞음으로 나의 병과 연약함을 다 짊어지셨다. 그러므로 나는 예수 안에서 건강한 사람이다. 예수님이 나의 가난을 모두 짊어지고 벌거벗긴 채로 십자가에 매달리셨다. 그러므로 나는 예수 안에서 부요한 사람이다. 나는 모든 것에 모든 것이 넉넉하여 모든 착한 일을 하기에 부족함이 없다. 예수님이 나의 어리석음을 담당하셨고 나는 그리스도 안에서 지혜로운 사람이 되었다. 나는 천재다. 하나님의 지혜가 내 안에 가득하다. 내 안에 살아 계신 예수님은 솔로몬보다 억만 배나 지혜로우신 분이다. 나는 평생 지혜롭게 산다. 예수님이 내 대신 징계를 받으셨기 때문에 나는 하나님과 평화를 누린다. 하나님은 나를 미워하거나 내게 화를 내시는 분이 아니다. 내가 받아야 할 모든 진노를 예수님이 대신 받으셨다. 나는 하나님을 좋아하고 하나님도 나를 좋아하신다. 예수님이 내 대신 죽으셨기 때문에 나는 영원히 죽지 않는다. 예수님이 내 안에 살아 계시므로 나는 큰 생명, 새 생명, 영원한 생명을 가졌다. 나는 행복하다. 나는 천국같이 살다가 천국으로 간다. 아멘."

당신과 나는 하루 종일 이런 생각만 하면서 살아야 합니다.

무릇 지킬 만한 것보다 더욱 당신의 마음을 지키기 바랍니다.

생명의 근원이 이에서 나기 때문입니다.

존재 가치

초판 1쇄 인쇄 | 2021년 11월 20일
초판 1쇄 발행 | 2021년 11월 25일

지은이 | 김열방 김추수

발행인 | 김사라
발행처 | 날개미디어
등록일 | 2005년 6월 9일, 제2005-44호
주소 | 서울특별시 송파구 백제고분로9길 6(잠실동, A동 3층)
전화 | 02)416-7869
메일 | wgec21@daum.net

ISBN : 978-89-91752-83-2. 03230

책값 20,000원